O OLHAR

Dados Internacionais de Catalogação na Publicação (CIP)
(Câmara Brasileira do Livro, SP, Brasil)

Gaiarsa, José Angelo
O olhar / José Angelo Gaiarsa. 3. ed. rev. e ampl. — São Paulo : Ágora, 2009.

Bibliografia.
ISBN 978-85-7183-057-8

1. Comportamento humano 2. Emoções 3. Olhos – Fisiologia 4. Percepção visual 5. Psicoterapia 6. Visão I. Título.

08-10524   CDD-152.14

Índice para catálogo sistemático:

1. Olhar : Percepção sensorial : Psicologia   152.14

Compre em lugar de fotocopiar.
Cada real que você dá por um livro recompensa seus autores
e os convida a produzir mais sobre o tema;
incentiva seus editores a encomendar, traduzir e publicar
outras obras sobre o assunto;
e paga aos livreiros por estocar e levar até você livros
para a sua informação e o seu entretenimento.
Cada real que você dá pela fotocópia não autorizada de um livro
financia um crime
e ajuda a matar a produção intelectual em todo o mundo.

O OLHAR

J. A. Gaiarsa

Editora
ÁGORA

O OLHAR
Copyright © 2000 by J. A. Gaiarsa
Direitos desta edição reservados por Summus Editorial

Editora executiva: **Soraia Bini Cury**
Assistentes editoriais: **Andressa Bezerra e Bibiana Leme**
Capa: **BuonoDisegno**
Foto do autor na orelha: **Stefan Patay**
Projeto gráfico e diagramação: **Acqua Estúdio Gráfico**

Editora Ágora
Departamento editorial:
Rua Itapicuru, 613 – 7º andar
05006-000 – São Paulo – SP
Fone: (11) 3872-3322
Fax: (11) 3872-7476
http://www.editoraagora.com.br
e-mail: agora@editoraagora.com.br

Atendimento ao consumidor:
Summus Editorial
Fone: (11) 3865-9890

Vendas por atacado:
Fone: (11) 3873-8638
Fax: (11) 3873-7085
e-mail: vendas@summus.com.br

Impresso no Brasil

*Este livro é dedicado a Jesus Cristo,
que me deu olhos.*

O delator

São os olhos – quem mais?
Ou o que mais?
São eles os velozes mensageiros do desejo e do temor
– tão leves que segurá-los é impossível.

Descobri isso claramente num dia em que estava escovando os
dentes e uma mulher – querida – se enxugava após o banho
(no mesmo banheiro).
Sou um visual nato e a nudez feminina é minha meditação e
meu encantamento.
Desde que me lembro de mim, vivo buscando com o olhar o que
ver na mulher – o que quer que ela mostre ou entremostre.
Mas, nesse dia, não queria olhar.
Não podia olhar.

O momento estratégico da batalha que travávamos
– naquela hora – exigia firmeza.
Sobretudo, exigia não dar à inimiga nenhum ponto de força
pelo qual ela pudesse me puxar para o seu lado
– ou "vencer-me"!

Escovando os dentes e olhando firme para a pia, eu sentia a
intenção – o desejo – forte de vê-la nua.

Percebi, então, o quanto é preciso estar vigilante, a cada
segundo, para que o olhar não escape e não me traia.

Junto a nós não havia testemunhas, mas, se houvesse,
com certeza o olhar me denunciaria para elas,
tanto quanto para ela, à menor distração minha.

À menor distração, mesmo,
um décimo de segundo bastaria...

E, logo, ela – ou um terceiro –
saberia que eu havia perdido a batalha.
Saberia com certeza – porque viu...
Talvez não soubesse o motivo da sua certeza
nem como provar seu parecer.

Intuição – diria.
Percepção – digo eu.

Uma percepção essencial que muda
todo o quadro
da relação pessoal em um décimo de segundo.

Eu e a psicoterapia

Sou médico e psicoterapeuta há meio século. Empenhado, estudioso, interessado tanto na prática quanto nas teorias – e em mim! Conheci algumas bem de perto: as de C. G. Jung, W. Reich, K. Horney, W. Stekel e A. Adler; depois, psicodrama, Gestalt, transacional e outras. Aos poucos fui seguindo o século, transitando para as técnicas corporais. Publiquei numerosos trabalhos em revistas e três dezenas de livros, metade de divulgação, metade de construção teórica. Tive incontáveis grupos de estudo e de orientação profissional, nos quais usei muito a leitura das expressões corporais com o auxílio da observação direta controlada pelo grupo, além de gravações de vídeo subsequentemente estudadas, de novo, por mim, pelo interessado e pelo grupo.

Por isso este livro contém tantos reparos, acréscimos e críticas à psicoterapia. Como a psicoterapia é o que acontece entre mim e você, ou entre um pequeno grupo de pessoas, ela funciona como uma experiência social, uma lente de aumento sobre as relações intra e interpessoais. Por isso pode interessar a todos. O livro contém mil referências a neurose, preconceitos, inconsciente, técnicas psicoterápicas, Freud. Contém ainda mil críticas sociais, pois ninguém fica neurótico

O OLHAR

sozinho... Mostra o quanto o olhar vê – e o quanto as pessoas se negam a ver – as poderosas raízes e os poderosos efeitos coletivos dessa cegueira socialmente imposta.

OS PLEONASMOS NECESSÁRIOS

Leitor, você vai cansar de ler neste livro as palavras "olhar", "olhos", "visão", "ver" (entre aspas ou não).

O olhar é tão presente em nossa vida que não nos damos conta de *quanto* ele se manifesta. Por vezes demasiadas está... oculto (!), isto é, atuando sob termos que à primeira vista (!) não se referem a ele. O imaginário, a imaginação, a fantasia, os sonhos, a observação, a constatação, a verificação e a própria crítica remetem quase sempre à atuação dos olhos. Talvez 90% de tudo que é dito ou escrito veio do que foi visto. Mas não parece.

A mim importa demais explicitar essa presença, por isso há tantos pleonasmos neste livro.

O MAIOR ESPIÃO DO MUNDO

Os olhos são os maiores espiões do mundo. São dois, mas funcionam como se fossem um só.

É o espião mais perfeito porque vê meio mundo de uma só vez, em um só momento. Nosso campo visual – *que é um volume, e não uma superfície* – é praticamente igual a meia esfera. Basta dar meia-volta ou girar a cabeça e vemos o mundo todo naquele instante.

A diferença entre *visão central*, ou macular, e *visão periférica* da retina é um dado fundamental para compreender a visão, as relações pessoais e a forma da consciência. O tamanho da área da mácula – ela é circular – projetado nesta folha cobre apenas o pingo de um *i*.

J. A. GAIARSA

Experimente, leitor: olhe bem fixamente, por pouco tempo, para o pingo do *i* mais próximo. Repare bem, mas depressa, que o pé do *i* já não é tão nítido como o pingo... Fora dessa área minúscula, a nitidez da visão cai 90% em relação à visão da mácula.

Agora, olhe para longe, a mais de seis metros adiante, distância em que o músculo do cristalino relaxa (quando não há mais acomodação, ou seja, focalização). Nessas condições, a visão nítida tem o tamanho de uma *bola de tênis*.

É assim que vemos: temos uma pequena área na retina – a mácula – que percorre o objeto de modo veloz e automático, como se fosse um lápis desenhando. A ilusão comum é a de que os olhos veem nitidamente tudo de uma vez. Mas, se vemos tudo de uma vez, por que movemos os olhos para enxergar isto ou aquilo, por que voltamos os olhos para este ou aquele ponto determinado do cenário?

Essa questão difícil e importante mereceu ampliação em um anexo (p. 133).

OS OLHOS PODEM MUDAR DE DIREÇÃO COM EXTREMA RAPIDEZ

Os globos oculares são, certamente, as partes mais móveis do corpo humano.

Os olhos são duas esferazinhas praticamente sem peso, capazes de girar dentro de um soquete feito de tecido conjuntivo e que têm a mesma medida que eles. São movidos por seis músculos notavelmente poderosos. A direção do olhar a cada instante é determinada por esses seis músculos.

Por que músculos tão poderosos para mover globos tão leves?

Para dar *rapidez* e *precisão* ao movimento, fazendo os olhos concentrarem-se instantaneamente num ponto específico. Assim, "o que interessa" é colocado ao alcance da mácula, isto é, fica bem visto instantaneamente.

O ouvido pode indicar a presença e a eventual proximidade de um predador, mas só os olhos dão sua localização precisa, a direção de seu movimento e as rotas de fuga possíveis. Para exercer essa função, eles precisam ser rápidos, sensíveis e precisos. Têm de funcionar como se fossem um só.

O *quantum* é a menor quantidade possível de energia. Cada elétron que muda de órbita significa um *quantum* de energia que ele gera/emite ou absorve. Nossa retina é sensível a um *quantum* de luz! É muita sensibilidade! Numa noite escura, podemos ver a chama de uma vela a uma milha de distância (quase dois quilômetros). Vemos também – é bom lembrar – estrelas situadas a milhões de anos-luz da Terra.

QUAL É A FUNÇÃO DA PERIFERIA DA RETINA?

Para que serve, então, a visão periférica da retina se ela é tão precária em matéria de nitidez ou acuidade – se ela "vê" tão mal?

É que a periferia da retina, muito mais que a mácula, é sensível a cores e movimentos, a conjuntos de movimentos, sejam eles dos corpos que se movem no campo visual, sejam dos que se movem sobre si mesmos. Ela serve como um grande campo – uma antena parabólica! – capaz de detectar mínimos movimentos. Imediatamente depois os olhos se voltam de maneira automática para o ponto em que apareceu o movimento, para que a mácula identifique o objeto com precisão, assim como o contexto no qual o movimento ou objeto se encontra.

A PERIFERIA DA RETINA E O CONTROLE DOS MOVIMENTOS AUTOMÁTICOS

Tão ou mais importante do que a função já citada da periferia da retina é esta outra: *ela governa a maior parte de nossos movimentos automáticos*, tanto os instintivos quanto os aprendidos/treinados (hábitos, costumes, condicionamentos pedagógicos). Tecnicamente podemos dizer: ela controla a maior parte dos movimentos e tensões dependentes do sistema motor extrapiramidal, cujas funções tendem a ser, e em regra são, bastante automáticas, difíceis de perceber (pela própria pessoa). Constituem o principal do que habitualmente se denomina inconsciente – impulsos, pulsões, desejos, compulsões. –, de tudo aquilo que, diremos depois, "fiz sem querer", "nem percebi o que fiz", "quando percebi já tinha feito". Notar desde já: posso ter feito sem perceber ou sem querer, mas o ato provoca respostas nos demais, tem consequências. Um tiro disparado por acidente pode matar tanto quanto um tiro disparado de propósito... Pode não parecer, mas as poucas linhas deste parágrafo contêm quase tudo que se diz do inconsciente. Aos poucos debulharemos essa questão. Inconsciente é tudo que o extrapiramidal faz determinado pela periferia da retina.

Esclarecimento: extrapiramidal é o nome que se dá a um número considerável de grupos de neurônios motores – centros nervosos – espalhados pelo cérebro e responsáveis, como estamos dizendo, por tudo que é automático em nossos movimentos, isto é, por mais de 90% de tudo que fazemos.

Vamos examinar alguns exemplos a fim de compreender melhor essas coisas que são psicológica ou emocionalmente importantes. Quando andamos por uma calçada conversando com um amigo, sem dificuldade e sem perceber, desviamo-nos dos que vêm em sentido contrário, subimos e descemos meios-fios, paramos nas esquinas e checamos o movimento dos veículos. Tudo isso sem parar de falar! A consciência está na fala, e todo o resto – pouco ou nada consciente – é feito pelo sistema motor extrapiramidal governado pela periferia da retina.

Quando nos movemos em nossa casa, mal percebemos essas andanças, assim como tudo que vamos fazendo. Temos toda a topografia do lar "na cabeça", e os olhos nos levam pela casa sem que precisemos nos preocupar em prestar atenção no que quer que seja. "Ele" sabe tudo... Quem será "ele" – ele ou eles?

Outro exemplo: seguro um copo na mão e mantenho-o no fluxo de água que sai da pequena torneira do filtro. Este se localiza a certa altura e, em certo momento, dou-me conta de *quantas tensões musculares mantêm a posição* tanto do meu corpo (ligeiramente torcido) como do meu braço. A única coisa de que tenho consciência é do nível de água que vai subindo no copo. Tudo mais é "inconsciente" (para mim), mas minha posição é de todo visível para qualquer observador. Se nesse caso "tomei consciência" das tensões é porque tenho o hábito de prestar atenção nessas coisas. Acredito que bem poucas pessoas perceberiam essas tensões em si mesmas, tensões numerosas, poderosas, precisas e muito bem organizadas. Elas compõem, automática e rapidamente, as posturas preparatórias para os movimentos que serão realizados. O olhar acompanharia a execução, levando o cérebro a corrigir os desvios que ocorrem em relação à intenção.

Nota: em situação psicológica ou emocional, o corpo, como no exemplo citado, assume e mantém inúmeras tensões posturais e produz muitos movimentos expressivos na face e nos braços/mãos. No entanto, tudo isso que é totalmente visível para os demais não é percebido pela pessoa, é inconsciente para ela.

Quem faz comigo tudo isso que não percebo? O neurofisiologista considera que é o "sistema motor extrapiramidal"; o psicólogo, o "superego"; e o sociólogo, o "preconceito, o condicionamento social ou a opinião pública" – coação da maioria.

Usei a expressão "ele" como se o controlador central dessas ações fosse alguém, outra personalidade ou até outro "eu"! Parece simples analogia, mas faço notar o quanto essa noção-sensação é natural. Quando a ação pretendida não ocorre, quando dou uma topada num canto de mesa, martelo o dedo ou derramo um tempero errado na panela, em todos esses casos a reação das pessoas é sempre: foi "ele" que me fez errar... Crianças podem, inclusive, voltar-se contra a mesa e chutá-la, como se ela tivesse se colocado no caminho por querer, de propósito, como se a culpa fosse dela! Não existe exemplo mais simples e mais convincente daquilo que o psicanalista chama de *projeção*. Claro que "a culpa" é do movimento mal-organizado, ou da desatenção ao aqui e agora.

Note-se a ironia do destino – ou a operação do inconsciente (no caso, o de Freud). Como Freud atendia pessoas sentadas e depois deitadas, e como estabeleceu desde cedo a regra do "diga o que lhe ocorrer, mas não faça nada, não se mexa demais", tudo que se refere a movimentos lhe passou quase despercebido – e ele deu pouca atenção à expressão gestual dos pacientes. Ateve-se à comunicação verbal e, além disso, não fez a necessária distinção entre letra e música no relato.

Coube a Reich entrar no possível significado das expressões gestuais que podem concordar – ou não – com o texto. Em regra, não concordam. Sua tarefa em geral consistia em fazer as pessoas perceberem seus gestos e atitudes, *tomarem consciência* de seus movimentos e posições, assim como de suas expressões faciais. Em suma, consciência de tudo aquilo que os outros estão vendo o tempo todo e a pessoa não, pois ninguém conhece bem as próprias expressões fisionômicas e gestuais.

É estranho que nem os oftalmologistas nem os psicólogos e/ou psicanalistas – nem mesmo os sociólogos – parecem saber disso ou usar esses dados fundamentais em suas reflexões. Parecem todos envolvidos (e limitados) pelas palavras e bem pouco atentos ao que se vê. Usaremos essa afirmação de mil maneiras neste livro, que, em vez de se denominar *O olhar*, poderia muito bem ser chamado de *A cegueira coletiva*, isto é, a ausência do olhar – *de tudo que se vê* – na maior parte dos textos e reflexões sobre pessoas e sociedades.

Não estranhe meus dizeres enfáticos, leitor. Omitindo da "observação" todos esses dados visíveis (!), *elimina-se quase toda a comunicação não-verbal*. Logo veremos que é aí que se manifesta a individualidade – ficando ela também, portanto, excluída da psicologia...

A EXPERIÊNCIA DA PANELA

Leitor, convido-o a fazer uma experiência simples que o ajudará a compreender melhor muitas das palavras deste livro, como "automatismo", "automático", "intenção", "voluntário", "involuntário", "consciente" e "inconsciente". Trata-se de perceber em ação o funcionamento do aparelho locomotor – um dos personagens básicos deste livro e, em regra, bastante desconhecido das pessoas.

Tome uma panela comum, com capacidade para dois ou três litros de água e um cabo único, daqueles compridos. Fique de pé, abra a torneira e deixe a água encher a panela aos poucos. Fique bem atento a seu corpo e sinta o quanto, *automática* e *involuntariamente*, as tensões vão se estabelecendo e se propagando nele – até as pernas. Isso garante o equilíbrio do corpo perturbado pelo peso crescente da panela. São tensões musculares que vão se estabelecendo sozinhas – portanto, são *involuntárias*. Onde estarão sua *vontade* e sua *intenção*? No ato de segurar firmemente o cabo da panela a fim de que ela não se incline demais nem caia. Note que seu esforço é proporcional ao ajuste automático das tensões no braço e das que aos poucos vão se instalando no corpo todo – até firmar a perna de apoio para que ela não se dobre.

As tensões podem ser tidas como inconscientes. Elas se fazem sozinhas, independentemente do querer. Já a resistência presente no antebraço é consciente. Aliás, em relação a movimentos é impossível dizer "consciente" sem que seja voluntário.

Com um pouco de criatividade você pode inventar variações – trocando de braço, mudando a posição do corpo, estendendo mais o braço e afastando-se mais da pia (aumentando o braço de alavanca e as forças de desequilíbrio), encostando-se à pia (fica tudo mais fácil), abrindo ou fechando um pouco a torneira, esvaziando lentamente a panela.

A PALAVRA TEM MÚSICA E DANÇA – ALÉM DA LETRA

Começo descrevendo uma experiência feita com recém-nascidos. Todos os movimentos dos bebês eram filmados e, ao mesmo tempo, os sons e ruídos do ambiente eram registrados. Examinando as duas séries em paralelo – movimentos e sons –, verificou-se que, mesmo poucas horas após o nascimento, as crianças faziam conjuntos de pequenos movimentos com várias partes do corpo, *sincronizados com a silabação* de quem estivesse falando no momento. Os movimentos eram ligeiros, mas perfeitamente visíveis, e as crianças repetiam os mesmos atos para as mesmas sílabas – e continuaram a repeti-los mesmo tempos depois. Só se moviam assim quando alguém falava, isto é, não respondiam a sons não-verbais nem a músicas.

As crianças, em suma, dançavam ao som (ritmo?) das sílabas! Fácil concluir – dada a precocidade e a alta organização das respostas – que já haviam esboçado o balé com as palavras ainda no útero. Fácil concluir que a fala está no corpo todo. Adiante traremos mais argumentos a favor de tal afirmação.

A voz tem letra e música, e não é costume discutir nem pensar o bastante a esse respeito. O tom da voz, ou sua música, faz parte, paradoxalmente, da comunicação não-verbal. Aqui também, no estudo da linguagem, algo foi omitido (ou negado): é a prosódia, palavra incomum e precariamente representada pela pontuação. A pontuação não interpreta de modo satisfatório as variações da voz – sua música. A mesma frase lida por várias pessoas terá música diferente, e a pontuação terá de variar também.

A *letra* da fala retrata a intenção, o pensamento, a minha ideia, usando o *significado* das palavras. A *música* da voz retrata a emoção. Impossível emocionar-nos e impedir a música da voz de nos trair. Voz de choro, raiva, inveja, amargura, vingança, despeito... Basta ouvir a música da voz e logo identificamos a emoção.

O OLHAR

De novo o destino – e Freud, que gostava bastante dessa palavra.

Um dos resumos da técnica psicanalítica presente em tantos manuais e estudos diz que é preciso que o terapeuta esteja com a atenção "flutuando" durante a entrevista, facilitando assim a "captação intuitiva" do inconsciente do paciente. Ora, se o terapeuta usar a situação clássica, estará com os ouvidos bem próximos da boca do paciente (no divã) e em amplo silêncio (no consultório). Essa é a situação ideal para perceber – *perceber*, e não *intuir* – as emoções, sempre presentes no tom da voz. Portanto, o inconsciente talvez não seja tão misterioso assim, nem tão imaterial. Ele se manifesta nos movimentos e nos sons. Aliás, se não estivesse em nenhum lugar perceptível, como saberíamos de sua existência?

Recordar a diferença entre letra e música da voz nos leva à anatomia. O hemisfério esquerdo do cérebro é responsável pela articulação da palavra e do discurso. Ao hemisfério direito cabe musicalizar o texto. Os lesionados na parte direita falam como robôs (sem música), e os lesionados na parte esquerda parecem débeis mentais (sem palavras), mas têm aguda percepção do tom emocional de qualquer fala. Eles "compreendem" as emoções.

ORIGEM DA PALAVRA NA DANÇA-CANTORIA DOS PRIMITIVOS

Logo mais será útil sabermos alguma coisa sobre a origem da fala – característica básica de nossa espécie e, para tantos, nossa *única* forma de expressão/comunicação... Além disso, esse é um tema controverso em que florescem hipóteses e mais hipóteses.

A música da voz faz parte da comunicação não-verbal – não esqueça, leitor –, mas é bem difícil separar uma da outra. A comunicação verbal é tão dominante que, de minha parte, precisei *treinar* durante anos para desatar uma da outra com alguma facilidade. As pessoas, ao conversar, mal se dão conta da música da voz, envolvidas que estão em compreender/responder as palavras ouvidas. Ou: a atenção de quem ouve concentra-se no significado das palavras/frases, mal sendo percebida a música da voz. Mas será que essa música aparentemente não ouvida deixa, por isso, de exercer influência sobre o outro? A seguir discutiremos a questão.

Segundo antropólogos russos, a fala começou como cantoria, misto de sons e movimentos. Ainda hoje, na Nova Guiné, isso pode ser visto. O ritual de algumas tribos consiste em um longo passeio andado/dançado do grupo, com todos entoando uma cantoria simples e repetida, e raros contracantos de alguns "artistas". Vi um documentário – não lembro a respeito de que povo – em que eram mostrados primitivos em seu cotidiano. Com grande facilidade, passavam da fala simples para a fala cantada, prolongada, repetida. Todo o trabalho – comunal – era feito com fala cantada e repetida, dança e batidas rítmicas ("sílabas"!) no instrumento de percussão disponível no momento e no local.

Depois sobreveio – é plausível – a função da cantoria musicada na organização de movimentos coletivos: remar barcos, elevar ponteiros de cabanas, joeirar grãos, executar danças guerreiras, danças de noivado e muito mais. A cantoria começava a ser decomposta em frases e sílabas (ritmo).

Notar a dificuldade e os pleonasmos: falei várias vezes em cantoria musicada quando é óbvio, desde sempre, que cantoria envolve letra e música.

Logo, se hoje pode ser demonstrado com gravações que, quando duas pessoas têm um bom diálogo, uma dança ao som da música da voz da outra, o caso talvez não seja tão estranho. Estranha – deveras estranha – é a "voz" monocórdia do robô, não é? O robô não tem *expressão emocional*. É "cérebro esquerdo" puro: teórico, detalhista, retórico – bacharel. Dizia-se no meu tempo: "Bacharel em Ciências e Letras". O bacharel sabia falar bonito, mas não sei se era inteligente...

O OLHAR

Encerramos esta parte lembrando uma experiência comum. Quando queremos aprender a cantar uma nova música, como fazemos? Primeiro dançamos, de leve, ao som dela – e talvez nem percebamos isso. Depois a cantarolamos sem as palavras certas. Só quando ela está sendo bem cantarolada é que começamos a incluir as palavras corretas no leito musical. Repetimos, ao aprender a cantar uma música, todo o processo de aprendizagem da fala!

Mais adiante vamos nos deter muitas vezes nos acompanhamentos motores e musicais da fala e no quanto eles participam da comunicação – ou da falta de comunicação – entre as pessoas.

OS OLHOS SABEM MUITO MAIS DO QUE AS PALAVRAS

Os olhos percebem muito mais do que as palavras jamais conseguirão dizer. Percebem e estabelecem (ou propõem) mais relações pessoais – ou com objetos – do que elas. Quer as pessoas se deem conta disso, quer não.

É interessante, nesse contexto, lembrar a origem da palavra "intuir", do latim *intuere*, que significa "ver".

Jung, o mestre das imagens, também disse: intuição é *uma percepção pela via do inconsciente*. Não me dei conta, mas algo em mim – "ele" outra vez? – percebeu o que o "eu" não percebera.

Quatro em cada cinco vezes a realidade se apresenta a nós sob a forma de personagens "inteiros", vários, interagindo em cenários bem determinados. Concordam os estudiosos que mais de 90% do que chega ao cérebro (*input* sensorial) é visual, ou seja, a maior parte do que denominamos "realidade" é visual.

Como compreender, depois disso, a fantástica omissão do visual nas ciências humanas?

Dirão alguns: "Ora, Gaiarsa, é claro que a maior parte das palavras faladas e/ou escritas se referem, afinal, ao que se vê, são fruto de 'observação', começo da ciência". Claro que sei, mas isso continua a ser uma negação do que se vê, pois o cientista – como todos nós – tem interesses limitados e tende a ver (e com que tenacidade!) apenas aquilo que "lhe interessa", seu objeto específico de pesquisa. *E a ignorar o resto*, inclusive o contexto social e psicológico de sua vida, de sua pesquisa – e ele mesmo!

Intermezzo engraçado: intelectuais falam cada vez mais no "imaginário" nos estudos sociais, mas quando os leio me custa demais perceber que estão falando com base no que veem.

A LEBRE E A TARTARUGA: O VER E O FALAR

O olhar é a lebre e o falar é a tartaruga. O olhar capta o concreto, o instante e o geral (o quadro do momento), do qual a palavra, depois, passo a passo, abstrai, generalizando e eternizando cada fragmento de situação contido no quadro global.

"Uma imagem vale mais que mil palavras" é a consagração coletiva e tradicional dessa declaração.

Concretizemos: observe uma figura – um anúncio de revista – e depois tente descrevê-la o melhor e mais completamente possível para si mesmo (em palavras, é claro). Mais: repita sua descrição para um amigo que não viu a figura. Depois, peça para ele desenhar a figura baseado em sua descrição...

Acho até que a fofoca gira em torno disto: dado um fato, sempre será possível descrevê-lo de muitos modos, conforme o observador, o momento e outros fatores. De há muito o povo diz: "Quem conta um conto aumenta um ponto". Não sei se é má-fé ou inevitável! (Não estranhe a fofoca em um texto erudito sobre o olhar. Adiante voltaremos a ela e à sua insuspeitada importância na determinação do comportamento das pessoas.)

Difícil manter a consciência dos movimentos incessantes do olhar

Dados esses fatos, é até compreensível que se fale pouco do olhar. É difícil perceber o que "ele" – nós! – está focando a cada momento. Impossível, com razão ainda maior, segui-lo o tempo todo, mantendo na consciência todas as andanças desses globos irrequietos, que veem muito mais do que nós (do que nossa percepção consciente). Quando percebemos onde estão, eles já foram para outro ponto...

Os olhos se movem tanto porque é preciso estar atento "a tudo", pois o predador chega quando menos se espera, de onde menos se espera e mais depressa do que se espera!

Esquece-se – demais – que toda a dinâmica da percepção governa o comportamento e formou-se na luta contínua entre os seres vivos. Dito de outra forma: sem analisar a dinâmica do encontro (biológico, presa/predador) pouco poderemos compreender do encontro (eu e você).

Por isso, aliás, pode ter ocorrido a diferenciação entre visão central e periférica. A segunda é ampla e vaga: a sentinela que dá o alarme. A primeira identifica e localiza a ameaça – e pode descobrir rotas de fuga ou lados fracos do "inimigo".

Mais do que isso: a visão periférica, ao mesmo tempo que percebe o conjunto, arma instantaneamente a atitude mais adequada para a fuga – ou o ataque, se for o caso. Cabe à visão central dirigir a ação, mas esta não seria eficiente se a periférica já não tivesse atinado a postura/posição que permite/facilita a resposta, se não tivesse ativado o extrapiramidal, as posturas/ações automáticas.

Esses dados primários sobre a visão esclarecem bem uma declaração que será tida como surpreendente: *a primeira e a mais fundamental das repressões é a do olhar* – tese que orienta todo o meu texto e que, até onde sei, está ausente de quaisquer outros estudos de psicologia, psicanálise e sociologia, ciências "de observação" que não têm olhos...

NÃO SABEMOS "QUEM" VÊ. NA CERTA NÃO SÃO OS OLHOS

Voltando à fisiologia: o que vemos não é visto pelos olhos, mas construído por vários circuitos neuronais que terminam no córtex occipital, há muito conhecido. Se seguirmos o nervo óptico até essa região (cissura calcarina), compreenderemos melhor a questão das visões periférica e central: a área do córtex occipital que recebe as fibras provenientes da mácula é *maior* do que *todo* o córtex occipital responsável pela visão restante da retina! O cérebro amplia muitas e muitas vezes o que é focado pela pequena mácula. Por isso nele, e só nele, a visão é totalmente nítida. É como se, no cérebro, uma enorme lente aumentasse tudo que foi desenhado por esse ponto minúsculo. De sua parte, a periferia da retina percebe melhor conjuntos, movimentos e cores – vimos.

Se percebo um movimento no campo visual, próximo à margem, olho para ele imediatamente, começo a explorá-lo, a desenhá-lo com o "lápis" da fóvea (fóvea = mácula = visão central). Primeiro vejo "tudo", depois o olhar busca "o que interessa" e, se houver algo importante, tudo se passa como se o restante do campo visual fosse ignorado – como se nada mais existisse (no momento).

REPRESSÃO E DIREÇÃO DO OLHAR

O olho pode ver em todas as direções e distâncias do campo visual – um volume enorme, note-se. Como só consegue "prestar atenção" na área restrita de visão nítida, da mesma forma que pode ver pode deixar de ver. Basta desviar o olhar (daquilo que incomoda) ou desfocá-lo ("olhar distante"). Esse fato explica a negação, um dos processos neuróticos, e creio que está por demais relacionado com a repressão em geral.

O QUE QUER DIZER REPRESSÃO?

Repressão consiste em não olhar para aquilo que quereríamos, deveríamos ou gostaríamos de olhar – fora ou dentro de mim. Consiste em não dar atenção ao que atrai nossa atenção, em agir como se não percebêssemos aquilo que é importante para nós – porque "não devemos", ou no momento não nos convém, olhar para lá, para aquilo, para aquela...

ISOMORFISMO ENTRE RETINA E CONSCIÊNCIA

Se o leitor já se deteve em considerar a *forma da consciência*, na certa percebeu o quanto atenção e consciência se comportam como a visão central e periférica da retina. Podemos olhar ou dirigir a atenção "para dentro", isto é, podemos "tomar consciência" ou dirigi-la para o pé, o nariz, o joelho ou outra parte do corpo, de modo bem semelhante àquele com que transportamos nosso olhar para pessoas ou objetos do ambiente... O olhar "nos leva" a ver coisas desejadas, mesmo que proibidas. No instante seguinte (fração de segundo), desviamos o olhar indiscreto e nos recriminamos por ter olhado (se houver alguém olhando...).

Se o leitor tem algum conhecimento sobre psicanálise, pode ver por inteiro como funciona a consciência na repressão. Esse processo é idêntico ao que ocorre entre o olhar e o "eu" (a consciência) quando reprimimos um desejo. Se o olhar explica a repressão de forma tão simples e objetiva – pode até ser filmada –, por que gerar hipóteses desnecessárias e tão obscuras?

Adiante mostraremos como "olhar para fora" e "olhar para dentro" são atos muito semelhantes, e com isso completaremos a demonstração da identidade entre repressão e "não ver".

NÓS, OS ANIMAIS MAIS VISUAIS DO PLANETA

Cada nervo óptico tem cerca de um milhão de fibras nervosas (cada nervo acústico não tem mais do que trinta mil). Daí o grande *input* sensorial dos olhos. Dizem os biólogos (e é quase intuitivo): a natureza vem selecionando animais com percepção visual e controle motor cada vez mais finos, ricos e complexos. Havendo luz e visão, quase qualquer situação e qualquer ameaça têm saída. Se está escuro e há sons, ninguém sabe o que fazer. É o eterno medo do escuro, da noite, um dos medos mais justificados do mundo.

Quando não há luz você está cego. Se você não for um animal noturno, estará muito mal... Se sobreviver!

Quando se diz que o homem é um animal visual, não é porque ele vê melhor do que os outros animais, mas porque seus nervos óticos, ao entrar no cérebro, controlam, ligam-se ou exercem influência sobre ele quase por inteiro – e isso só acontece com o homem. Na maioria dos outros animais, o sistema óptico é mais simples, e as conexões desses nervos com as demais regiões do cérebro são bem mais limitadas, principalmente com os centros motores, com o controle de movimentos.

Como o visual é mais discriminativo, sensível e global do que os demais sentidos, a evolução vem selecionando os animais dotados de melhores aparelhos visuais (na verdade, visuomotores). E nós somos os primeiros da fila...

O OLHAR

Convém notar que mesmo quem estuda o valor biológico dos olhos não dá ênfase suficiente ao fato de que olhar e motricidade formam um conjunto de alto valor na concorrência vital. Pouco adiantariam bons olhos se não houvesse possibilidades de movimentação versátil e de alta qualidade.

No mundo animal, vencedor é aquele que vê/reage rápida e adequadamente – seja predador, seja presa. Esse é o estímulo para o desenvolvimento de equipamentos de caça cada vez mais eficientes e equipamentos de defesa cada vez mais rápidos. Isso vale – como veremos – para os "ataques" psicológicos e as respectivas "defesas". "Ataque psicológico" pode ser um olhar ou um tom de voz, uma expressão facial ou um gesto...

Hoje, a expressão "defesa" (psicológica) – usada por Freud – já faz parte da fala coletiva. Defesa, nesse sentido, é o que se ativa em nós diante de qualquer ameaça ou promessa (de um prazer proibido). O "predador" pode ser qualquer pessoa, começando – no começo... – com mamãe, papai, depois professor, patrão, governo e mais "inimigos" naturais da e na civilização. Estão incluídos aí globalização, FMI, Estados Unidos da América, produção de armas, máfia dos tóxicos, do petróleo, dos agentes financeiros...

Qual é a eficiência desse sistema olhos-movimentos? Altíssima – e a favor das presas! Mesmo um tigre (e o que lhe acontece vale para todos os predadores) tem de sair à caça dez vezes (estatisticamente) para conseguir seu almoço! Um tigre, a maior e melhor máquina de caça existente no mundo animal! Assim também na sociedade: um grande rebanho de pacíficos ruminantes sustenta alguns poucos predadores...

O CÉREBRO É FEITO PARA IMITAR

Se pedirmos a uma criança para espetar uma agulha, várias e várias vezes, em qualquer lugar do cérebro de uma pessoa, e se a cada espetada corresponder um pequeno choque elétrico, o que acontece? Se pudermos observar essa pessoa, verificaremos que em *dois terços* dos casos ocorrem movimentos oculares, em regra conjugados (os dois olhos movem-se juntos) e no sentido horizontal. Importante: isso acontece em qualquer lugar do cérebro que se estimule, inclusive o tronco cerebral, a ponte, o mesencéfalo e o cerebelo.

Essa experiência/estimulação aleatória do encéfalo, feita muitas e muitas vezes em laboratórios, demonstra o óbvio: o olhar *está presente em quase tudo que fazemos*. Por que nunca se fala dele? De outra parte, dois terços do encéfalo servem apenas para nos movermos. Não citarei nomes de regiões cerebrais que pouco significam para o leitor. Lembro apenas que o cerebelo – órgão de função exclusivamente motora – tem mais neurônios que todo o resto do cérebro!

Vamos somar: cérebro = 2/3 de olhar + 2/3 de motricidade = máquina perfeita para IMITAR,

para fazer igual ao que vê.

Não é à toa que o processo fundamental de aprendizagem é a

IMITAÇÃO.

Não é à toa que o principal ponto da educação familiar e social é o

EXEMPLO ou MODELO.

Não é à toa que um dos conceitos fundamentais da psicanálise – e da psicologia – é o de

IDENTIFICAÇÃO (imitação inconsciente).

Mas os psicanalistas pouco ou nada dizem sobre o cérebro (é compreensível) e sobre o olhar (o que já não é compreensível – para mim).

O OLHAR E A INTELIGÊNCIA

"O pensamento parece uma coisa à toa, mas como é que a gente voa quando começa a pensar?" O verso de Lupicínio Rodrigues pode ser entendido como a transformação que o pensamento sofre quando se relaciona com os movimentos do olhar. Para pensar, agimos como se precisássemos buscar com os olhos uma porção de elementos em vários lugares do cérebro. É como se o olhar fosse um secretário a buscar imagens, recordações, emoções, palavras. *Com os olhos parados não conseguimos pensar.*

Se pararmos os olhos entre cinquenta e sessenta segundos, entraremos em transe hipnótico ou dormiremos: não haverá mais pensamento algum na cabeça. Isso confirma a noção de que o olhar tem tudo que ver com a inteligência, com a formação do pensamento a cada instante. Não é só analogia: é *o próprio processo do pensamento que está implícito no movimento dos globos oculares!*

Esclareço: os investigadores da neurolinguística estabeleceram, com o auxílio de gravações simultâneas do diálogo e da direção do olhar, o quanto este é necessário para aquele.

A fim de facilitar a exposição, vamos dividir o campo visual com duas linhas horizontais e teremos três regiões no espaço visual. Quando a pessoa olha para baixo e para a esquerda, está experimentando sensações/emoções; quando olha para baixo e para a direita, está em solilóquio (falando consigo). No terço horizontal: se a pessoa olhar para a direita, estará elaborando uma frase nova, criando um pensamento; se olhar para a esquerda, estará recordando frases conhecidas. No plano superior: se a pessoa olhar para cima e para a direita, estará criando imagens ou reformando imagens conhecidas; se olhar para cima e para a esquerda, estará evocando imagens visuais, "recordando", no sentido usual da expressão.

Esse esquema se refere aos movimentos oculares que a pessoa faz durante uma pausa, quando "pensa" na resposta a uma questão proposta pelo interlocutor ou por ela mesma. Os movimentos não se referem aos momentos em que, no diálogo, os participantes estão se olhando.

De novo: esses dados estão lamentavelmente ausentes de 1.001 estudos para os quais seriam preciosos, simplificando explicações e tornando-as mais claras, objetivas (demonstráveis) e simples.

Não li muito sobre o tema "pensamento", mas duvido que lógicos, filósofos e mesmo matemáticos conheçam ou usem esses dados tão simples e diretos.

TERAPIA DE BOA QUALIDADE É RECÍPROCA

O que isso tudo tem que ver com terapia? Uma terapia de boa qualidade é recíproca: o que faz o terapeuta ver este ou aquele aspecto do paciente é também uma necessidade dele. Mesmo de forma obscura – em função das injunções sociais (repressões) que sofremos –, intuímos ou suspeitamos o que o outro pretende, aonde quer ir, de que modo está se achegando, se está amistoso, desconfiado, distante e muito mais. Intuímos ou percebemos? A visão é importante demais para ser totalmente reprimida. É nosso bicho que sabe avaliar: amigo ou inimigo, vai pra lá, está a favor, vem vindo, vai indo, vem contra... Essa avaliação é fundamental e está *se* fazendo o tempo todo.

Repare, leitor: não sou eu – não é o "eu" – quem faz; ela está *se* fazendo (ou o bicho a está fazendo). Ela está muito nos olhos e nos movimentos automáticos, mesmo quando não nos damos conta disso.

A educação nos obriga a ignorar o que os olhos veem: os conselhos de papai e mamãe e sua concepção de mundo são em regra precários – muitas vezes errados –, mas ditos por eles, as autoridades paternas, parecem grandes verdades universais. São, sobretudo, declarações de deveres: o que uma mãe deve, o que um pai deve, o que um filho deve... É uma conversa sem fim de perfeições impossíveis, e a criança percebe muito bem que ninguém é tão perfeito assim. O papai não é o "sabe-tudo camarada" como o cinema mostrava, e a mamãe não é tão boazinha como diz para as amigas que é nem tão sábia como o coro social vive dizendo ("mãe está sempre certa").

Essas são experiências de todos nós, repetidas milhares e milhares de vezes ao longo de décadas – ou da vida inteira.

Cegueira induzida, obrigatória.

MÃES E PAIS NÃO TÊM MAUS SENTIMENTOS

Um degrau adicional desse drama familiar sempre relacionado com o olhar: a negação das emoções evidentes. A mentira emocional é a regra – a obrigação? – nas famílias idealizadas. Pai e mãe estão brigando, com cara de assassinos; a criança pergunta:

– Vocês estão com raiva?

E eles dizem:

– Não, imagina se mamãe está com raiva do papai! Eu estou indisposta, ele trabalhou muito.

A criança faz outra pergunta:

– Mamãe, você está triste?

A mãe responde:

– Não, meu filho, estou resfriada...

Papai e mamãe são santos, se amam e se entendem, jamais têm raiva – ou ódio! – um do outro. Ser mãe ou pai é um certificado de perfeição e sabedoria, sem necessidade alguma de aprendizado.

O mesmo acontece na relação entre pais e filhos, e também entre irmãos: "Aqui todos nos amamos..."

Muito da educação consiste em aprender a não dizer o que é evidente na aparência das "autoridades". Somos cuidadosamente treinados para ser mentirosos e hipócritas a vida inteira. Depois temos o desplante de chamar isso de educação, quando na verdade é uma técnica para desorientar e emburrecer as crianças, muitas vezes para sempre – como, aliás, foi feito com nossos pais pelos nossos queridos vovôs...

Descrição/aviso/conselho para todas as pessoas da família: tudo que você teve ou tem vontade de dizer e não disse em palavras você mostrará na cara. De perto, ninguém engana ninguém, parafraseando mestre Caetano Veloso.

Continuando: por isso, depois de algum tempo de desentendimento, ninguém olha para ninguém – para não ver as caras feias... Ou basta um olhar para começar uma briga ou uma chantagem emocional.

Essas coisas começam na família (onde tudo principia) e depois se generalizam.

Exemplo: "Como o povo avalia o presidente?" Pesquisa nacional: tantos por cento o acham péssimo (ou ótimo), tantos por cento mais ou menos, e assim por diante. Qual é, a meu... *ver* (!), um modo bem melhor – e mais terrível – de fazer essa avaliação? Procure um lugar por onde passem muitas pessoas, encoste-se em algum apoio e observe a cara e os movimentos dos transeuntes. Separe os que estão sozinhos dos que estão falando com acompanhantes (nesse caso, um dá alguma vida para o outro e vice-versa). Detenha-se nos que estão sozinhos e repare na cara deles; se você tem olhos para essas coisas, repare também no modo de andarem.

Nove em cada dez vezes você verá um desfile de zumbis, de mortos-vivos, movimentos automáticos duros e angulosos (sem expressão e sem vida) ou frouxos, desanimados; você verá caras de frieza, deses-

O OLHAR

pero, ódio, despeito, rancor, ressentimento, choro, um desfile interminável de monstros. É assim que o povo sente – ou vive, ou não vive – sua vida. Se o senhor presidente fizesse essa experiência e visse a cara, o jeito do povo, é líquido e certo que mudaria radicalmente sua política. Números, estatísticas e ibopes não têm nada, nada, nada que ver com a cara e os movimentos das pessoas – de cada pessoa – que sofrem as sábias medidas econômicas recomendadas pelo FMI.

Outro exemplo do que se mostra/esconde, bem mais engraçado: verão lascado, entrada de uma grande universidade. Passam lindas universitárias, jovens, de vestidos transparentes e colantes, minissaias e decotes avançados – exibição total a pretexto de muito calor.

E as atitudes? As caras? Incríveis! Não olham ninguém nos olhos. Na verdade, estão o tempo todo desviando os olhos de qualquer um que esteja olhando! Olham de cima para baixo, com desprezo, jeito de quem diz: "O que você está olhando? Nunca viu?", como se elas nada estivessem exibindo e, ao olhar, o sem-vergonha fosse eu... Aliás, evitar olhares diretos é o jeito de toda mulher honesta quando está sozinha na rua.

Mais um exemplo: vestiário de um clube esportivo, cheio de homens nus. Ninguém – absolutamente ninguém – olha da cintura para baixo, todos evitam cuidadosamente olhar para a variada exposição de pintos... Só olhares furtivos, disfarçados...

O mais engraçado de todos: há homens – muitos! – que vivem coçando o saco, como se estivessem se masturbando, seja por fora da calça, seja com a mão no bolso. E fazem isso diante de qualquer pessoa, da própria mãe ou de outra respeitável senhora. Até na frente de uma freira... O que você acha desses camaradas? Será que eles sabem o que estão fazendo? Será que querem fazer isso – ou assim?

Há meninas – que horror! – que já com 3 ou 4 anos se encostam em cantos de mesas ou em joelhos alheios (de alguém sentado) e obviamente "entram em transe". Mamãe faz questão de não ver. Ou fica desesperada...

O OLHAR, A ETOLOGIA DA AGRESSÃO E A COMUNICAÇÃO ENTRE OS ANIMAIS

Os símios e os carnívoros são os únicos animais com olhos frontais – os dois olhos voltados para a frente. As aves e os peixes, por exemplo, têm os olhos completamente laterais. Uma águia, nas alturas, está no centro de uma esfera do tamanho do mundo... Com um dos olhos ela vê uma metade do mundo; com o outro, a outra metade. As aves carnívoras têm duas máculas (pontos mais sensíveis dos olhos) em cada olho, em posições diferentes: uma para "ver o mundo", outra para atacar a presa. Assim, quando ela mergulha na direção de uma presa, entra em função outra mácula ocular que permite o ataque ao alvo, sempre pequeno na amplidão da paisagem.

No caso dos carnívoros, os olhos frontais são bastante evidentes. A precisão é fundamental na caçada, na busca, sobretudo na hora do ataque. Em regra, o macaco não caça, mas vivendo em cima das árvores não pode errar o pulo – no chão pode estar uma onça! Mesmo sem onça, despencar de uma altura de dez metros pode ser fatal. E acontece, como disse Jane Goodall, a amiga dos chimpanzés. Por isso os macacos também desenvolveram visão frontal (binocular) e visão colorida, percebendo melhor frutinhas, insetos, folhas, galhos. Ao mesmo tempo vivem em bandos e fazem mil caretas, além de um barulho infernal...

Alguns antropólogos já se perguntaram como sobrevivemos – primatas e humanos – quando deixamos a proteção da floresta e entramos a pé na savana, onde estão os grandes predadores e as árvores são poucas. Explicação provável: um bando humano faz tanto barulho quanto um amontoado de macacos. Os grandes predadores, diante da intensidade de som, temiam uma ameaça proporcional. Os homens, além disso, podiam imitar muitos sons, alguns bem feios e possantes, outros até iguais aos dos outros animais! Sobrevivemos no grito!

Nas lutas frequentes pelo direito à fêmea na época do cio, os machos davam mais shows de berros e gestos exagerados do que se atacavam para valer. Raramente se matavam. A segunda razão das grandes brigas era a comida. Os carnívoros desenvolveram a voracidade porque quem comesse a presa mais depressa estaria garantido. Quem devorasse rapidamente até trinta ou quarenta quilos de carne estaria alimentado por uma semana.

O terceiro fator de brigas – nas quais o olhar é quase tudo – era o prestígio, a escala de dominação social. Na imensa maioria dos animais que vivem em grupo há uma ordem hierárquica assaz rigorosa, a famosa "ordem da bicada". Cada indivíduo precisa achar ou estabelecer seu lugar na hierarquia do bando.

Experiência clássica: colocam-se num galinheiro dez ou quinze frangos que nunca ficaram juntos e joga-se um punhado de milho para eles. No primeiro dia é uma briga terrível, mas a agitação e o alarido vão diminuindo a cada dia que passa. Depois de dois ou três dias volta a paz. Estabeleceu-se a "ordem da bicada". Nas arruaças prévias, os frangos foram verificando quem bicava mais duro, quem tinha esporas mais compridas, quem era mais ágil – e os "inferiores" aprenderam a se conformar...

Lutas e/ou escaramuças periódicas reorganizam e/ou atualizam a pirâmide do poder.

Os etólogos, que estudam o comportamento social e individual dos animais na natureza, usam a expressão "exibição de poderio". Ela é muito acentuada em animais que vivem em grupo, e basta olhar o bando para reconhecer quem é o chefão. Ele exibe sua força na postura de orgulho, na altura em que se põe, na pose, na solenidade dos movimentos (na "liturgia do cargo", como já se disse). São sinais que preservam ou realimentam a escala de dominação. No bando de lobos, essa situação é bem clara: a posição hierárquica de cada lobo é medida pelo ângulo do rabo em relação ao dorso, numa escala que vai do vertical para cima, do chefe, ao vertical para baixo ("rabo entre as pernas"), do soldado raso... Na origem eram brigas. A natureza sábia vai ensinando os animais a não se machucarem à toa. Só nós não aprendemos, porque entre nós a supremacia pode depender de muitos fatores além de simples força, esperteza ou agilidade. Pode depender da falta de escrúpulos, da crueldade, da astúcia... E de armas.

Vá ao edifício de uma multinacional e adivinhe quem ocupa o andar mais alto e, em cada sala, quem parece o chefe. É fácil saber, basta olhar.

Brigas reais podem machucar muito e consomem bastante energia. Por isso foi acontecendo a chamada "ritualização da agressão", na linguagem dos etólogos. Os animais raramente brigam de verdade. Basta uma olhada feia, um rosnado, pelos eriçados, exibição de caninos etc. O olhar e os sons são suficientes para definir situações, relações e intenções, sejam elas momentâneas (atos, caras), sejam estáveis (posturas, atitudes).

Falar, só nós falamos – e, segundo parece, com isso mais complicamos as coisas do que as simplificamos. Falar toma tempo, e fazer uma careta em reação a outra pode ser instantâneo – e até imperceptível.

Não é o que dissemos sobre as pesquisas que mostram a dança subjacente aos diálogos?

Voltando aos pequenos macacos sentados no mesmo galho e sua algaravia agitada. Ela é cheia de caretas, guinchos, gestos e mudanças de lugar. Um chega perto do outro e dá dois guinchos, ameaça, sai, mostra os dentes para o do lado, e assim todos vão se entendendo. Raramente chegam a uma patada ou a uma mordida para valer. Basta esse jogo de pequenos sinais e o grupo se mantém num certo equilíbrio, sem que ninguém se machuque demais e sem gastar energia à toa, como fazemos nós.

Nosso maior negócio são as armas, a guerra! O esporte favorito de nossa espécie psicótica tem sido descobrir como matar o próximo, a fim de, sob ameaça de morte, fazer dele um escravo.

Homo sapiens...

O OLHAR

Entre nós será diferente?
Ou não?

(Com uma discreta homenagem do autor a Federico Fellini e La dolce vita.)

Consideremos agora uma reunião com oito ou dez pessoas que se encontram ocasionalmente. Digamos que sejam metade mulheres e metade homens. É a hora dos licores num tradicional jantar burguês, por exemplo.

La dolce vita...

Quantas interações podem ser percebidas nesse grupo? Nele podem ocorrer até mais que as notadas nos animais.

Para começar, há as relações de hierarquia: quem é o protagonista, o que ele está falando e quantos fazem parte da audiência? Enquanto o protagonista expõe seu ponto de vista sobre determinado assunto, alguns prestam atenção nele; outros estão esperando a vez para entrar em cena e até para tentar roubar a audiência; outros, mais tímidos, gostariam de entrar mas não entram, ficam ouvindo com atenção dividida e meio encolhidos. Todos desejamos – e tememos! – ocupar o centro. (Quase sempre que mamãe prestava atenção na gente era para corrigir, criticar ou fazer sermão...)

Segunda forma de relacionamento: as simpatias e as antipatias, os desejos, os amores e os temores. Exemplo: um homem simpatiza com uma mulher do grupo e faz chegar a ela sua simpatia com um olhar, um sorriso, uma atenção especial, um tom de voz revelador (veja quantos microssinais!). O homem precisa perceber ao mesmo tempo se o marido dela está notando – ou não – e se pode ou não deixar transparecer seu sentimento, avaliando o ciúme do outro.

O mesmo com as antipatias: será possível disfarçar quando não gostamos de alguém? Podemos não simpatizar com uma pessoa por causa de sua aparência ou opinião, ou porque ela nos é visceralmente antipática (isso existe, você sabe). Se eu demonstrar esses sentimentos, como os outros reagirão? Como a própria pessoa reagirá? Muitas são as interações possíveis.

Terceira forma de relacionamento: o político, dissociado em dois. O primeiro é o verbal: quem está sendo convencido, ou é a favor de minhas declarações, e quem não está. Ou seja, quem está a meu favor, quem está contra mim e quem – ou quantos – está indiferente? O outro sentido refere-se ao domínio e à submissão, ao degrau que cada um vai ocupando na pirâmide de poder ou prestígio, posição que pode variar ao longo da conversa. Os dois sentidos se resumem assim: quantos tenho a meu favor e quantos tenho contra. Se tenho muitos a meu favor, sou o candidato eleito e continuo falando... Se estou perdendo audiência e não me dou conta, começo a ser um chato.

Chato é justamente esse que já não está interessando e continua a falar, a explicar, a demonstrar (que ele é chato e não desconfia...).

Com uma boa câmera seria possível mostrar todas essas interações ocorrendo em um grupo. Elas aparecem com clareza nas expressões gestuais e faciais.

Qualquer momento de interação pessoal pode ter mil significados distintos; a palavra é somente um deles e nem sempre – bem ao contrário – o mais importante, principalmente em uma situação como a que foi examinada: a de "jogar papo fora". Aí ocorre uma dramatização espontânea – cria-se um palco, uma peça, uma audiência, que é também de possíveis atores, autores e diretores...

No caso dos seres humanos, além da ritualização da agressão – ou como uma variante dela –, existe este outro fato importante, fortemente sublinhado pela psicanálise: se filmarmos uma criança por muitos períodos, sempre um pouco antes e um pouco depois dos mil "nãos" que ela ouve, notaremos que ela começa a desenvolver a expressão oposta. Quer dizer, se uma coisa a atrai, ela mostra não estar interessada, faz que não liga, põe uma pose de superioridade, desdém ou desprezo (pelo próprio desejo...).

O OLHAR

O povo sabia disto bem antes de Freud: "Quem desdenha quer comprar"...

Depois de muitas proibições consecutivas, ela mesma se proíbe – é como dizemos e como diz a psicanálise. Ela economiza o sofrimento da frustração. Na verdade, não é o "eu" – a consciência – que proíbe. É o superego, como dizia Freud. Mas é preciso acrescentar: o superego são os outros em mim, como se mamãe continuasse ao meu lado. Logo, são *eles* que me inibem, imobilizam.

Os outros, nesse contexto, são reais ou virtuais? Você decide, mas lembre-se: "os outros" não existem concretamente em mim (são virtuais, imaginários), mas "eles" – que podem nem estar aqui – influenciam, têm força... Existem, em suma. Ou não?

Lembro aqui São Tomás de Aquino: "Um ser existe até onde atua".

"OUVIR O CORAÇÃO". O QUE ISSO SIGNIFICA?

"Ouvir o coração" é uma expressão simpática que vem ganhando popularidade. No contexto que estou descrevendo, "ouvir o coração" é sinônimo de "sentir/seguir o animal".

O mais fundamental de nossos instintos – raramente mencionado – é o de *orientação*. Onde estou? Para onde vou? Claro, as perguntas são feitas diante de cada decisão que se propõe ou se impõe aqui e agora.

Note-se: sentir é uma expressão ambígua. Pode-se referir a sentimentos (sentir amor, ódio, medo) ou a escolhas ("O que sinto aqui e agora como melhor para mim?"). Em inglês há o verbo *to feel* (sentir) e *to be aware of* (estar consciente ou presente, percebendo).

Quando "consulto o coração", talvez esteja falando com meu bicho...

Psicofisiologia da visão

"Identificação projetiva" é a expressão frequente nos textos de psicanálise. Quase tudo se explica por essas palavras mágicas. Junto com o recalque – ou repressão –, as identificações projetivas são um dos "mecanismos neuróticos" mais comuns.

"Identificação projetiva" é o nome dado ao processo inconsciente pelo qual *eu existo no outro, negando o fato no mesmo ato.* "Projeto" nele – vejo ou suspeito que exista nele – tudo que reprimo em mim. *Ele* é cruel, desconsiderado, fingido, invejoso... Eu não. Sou tão bonzinho! O problema são os outros, como já dizia Sartre. O que nem todos os leitores de Sartre percebem é a ironia da declaração! Jesus Cristo também: "Você vê o cisco no olho do seu vizinho, mas não vê a trave no seu olho".

Posto e compreendido esse processo apenas no plano verbal e "afetivo" como "processo inconsciente", ele parece mágico. *Um fato é bem mais descrição que explicação* – e, tomado como explicação, fica aberta para sempre a porta das interpretações arbitrárias intermináveis.

Antes de discutir o fato, uma digressão. O importante é a colocação – a posição – do sujeito, não o afeto (aliás, "afeto", como "afetado", quer dizer "modificado, alterado"). Tudo que sabemos é que primeiro vêm as intenções e a posição, que se instalam no sujeito no momento em que ele entra na situação. É o bicho que chega, se prepara e então atua. "Qualquer raiva predispõe à briga" (expressão verbal da situação). Importante na briga, porém, é perceber – ver – a colocação ou posição do outro, "pronto para brigar", "disposto a brigar", o que determinará minha posição num processo circular.

Esse é o modelo concreto das brigas físicas, nas quais perceber a posição e a colocação do outro é o começo de qualquer resposta. Os animais são ótimos nesse aspecto.

Onde ele está, em que lugar do espaço em relação a mim?

O OLHAR

Como ele está, como estão as várias partes de seu corpo? Em atitude de ataque ou de defesa? Aberto ou disfarçado? De frente ou de lado? À minha direita ou à esquerda? Isso vale para uma luta de caratê, um lance de futebol, um encontro entre empresários que vão negociar, uma briga de casal – até para uma "conquista" amorosa...

O processo é inteiramente *visual* e, por isso, se traduz de modo tão mágico e obscuro na psicanálise – que é verbal. *Esquecemos – ou ignoramos – que os olhos não existem apenas para ver, contemplar. Essenciais à sobrevivência, existem para organizar a ação e a locomoção no contexto do momento.*

Entre o olhar e a motricidade, as ligações são as mais estreitas; e o homem, pelo olhar, pode se fazer todas as coisas, como os hindus, os escolásticos e os mestres do budismo zen vêm nos ensinando há muito tempo.

Se nos detivermos diante de qualquer objeto ou movimento e olharmos para ele sem nos proteger – sem fechar, desviar ou desfocar os olhos, sem olhar como juízes, descrentes ou desconfiados –, o objeto visto começará a *se fazer em nós.* Começamos a assumir sua forma: identificação. Isso é sempre verdade em todas as circunstâncias, a menos que impeçamos ativamente o processo de comunicação, que vai de cara e corpo inteiros, e não apenas de palavra em palavra.

OCIDENTE (PALAVRAS) E ORIENTE (IMAGENS)

Paradoxo: não só os "neuróticos" projetam. Os objetos também o fazem, passam para "dentro" de nós se não nos protegermos. O que são, afinal, todos os apegos descabidos deste mundo senão outra forma de possessão? Será que o milionário tem dinheiro ou o dinheiro tem o milionário?

Essa é uma das diferenças básicas do aprendizado – ou, até, "pensamento" – no Oriente e no Ocidente. Nós somos essencialmente verbais – hemisfério esquerdo. Eles são bastante visuais. As grandes mandalas são uma concepção de mundo posta em uma só figura, tão abrangente quanto uma teoria ou uma filosofia – e muito mais bonita. Em vez de pensar em palavras, os orientais imaginam – meditam –, pensam em imagens. Na verdade, não "pensam", colocam-se diante da mandala como se ela fosse toda a realidade daquele momento.

O MÁGICO

Os infindáveis e precisos reflexos visuomotores se encarregam de fazer a mágica. São eles que unem a periferia da retina às respostas motoras automáticas, como acontece quando dirigimos, quando andamos distraídos pela rua ou estamos com alguém que *não* nos interessa... Mal percebemos, nesses casos, o que está acontecendo ou o que estamos fazendo.

Quando alguém nos incomoda, assusta ou irrita, fazemos o contrário: *desviamos os olhos a fim de evitar a identificação*, a fim de não sermos tomados por ela, de não nos irritarmos com quem nos irrita, mesmo quando a pessoa não tem a intenção de nos irritar!

AS PAREIDOLIAS DE LEONARDO (O DA VINCI)

Se olhamos para manchas de umidade na parede (como fez da Vinci), nuvens no céu ou manchas do teste de Rorschach, logo começamos a ver mil formas diferentes onde a observação casual registra apenas "borrões".

Onde quer que o homem fixe o olhar, atento,
aí começa a haver mudança.
Nossa atenção é inerentemente criativa,
e talvez só ela o seja.

Se o ponto para onde olhamos não tem interesse nenhum e insistimos em fixar o olhar, de duas uma: ou entramos em transe hipnótico – em menos de um minuto! –, ou começamos a inventar histórias, a brincar de criar hipóteses, a criar variações sobre o mesmo tema. Não é o "eu" que faz isso, a coisa simplesmente acontece: basta que nos mantenhamos atentos ao que não interessa!

"Do vazio criador nascem todas as coisas", dizem os hindus.

"Do vácuo quântico gera-se toda a realidade", afirmam os físicos de vanguarda.

NINGUÉM É INSENSÍVEL AO OLHAR DO OUTRO – OU DOS OUTROS

Esse potencial criador pode atuar também sobre os outros. Se olho para alguém – principalmente para uma criança –, meu olhar levará esse alguém a fazer mais coisas além das que ele já estava fazendo, ou mesmo a mudar de atividade.

Quem não sabe disso? Olha-se para uma criança e ela começa a fazer coisas. Olha-se para um adulto e ele também começa a fazer coisas – a favor ou contra, mas faz. Pode até fazer de conta que nem liga...

Analogamente, basta que olhem para nós para começarmos a encenar.

O olhar transforma.

"Dar atenção", nove vezes em cada dez, quer dizer "olhar para". E dar atenção é um ato deveras transcendente pelas consequências que tem, assim como pelos efeitos advindos de sua ausência.

Sem atenção nada se desenvolve. Se as pessoas não se olhassem, não mudariam, como acontece quatro vezes em cada cinco no casamento, poucos anos depois. O primeiro sinal de que estou começando a me desinteressar de uma pessoa é olhar para ela cada vez menos. Isso vale tanto para ligações de certa duração como para encontros e/ou conversas casuais.

Vice-versa: o primeiro sinal de que alguém está me interessando pode ser percebido pela insistência com que busco seu olhar.

OS PAPÉIS COMPLEMENTARES E O OLHAR

Dizendo de outro modo: a poderosa influência do olhar reside em sua capacidade de induzir no outro – ou em mim! – o *papel complementar* ao de quem determina o momento.

Se olho para uma criança com a superioridade de um adulto, ou com a superioridade de um professor, ela tende a responder à minha atitude manifesta ou à expectativa implícita nessa atitude – pode mostrar-se submissa e boazinha ou o contrário, conforme seu prévio condicionamento.

Os papéis complementares são estimulados no outro pelas pessoas que mostram a atitude mais tenaz, mais rígida, mais estável, mais bem composta ou mantida.

Se me fizer de humilde, o outro tripudiará sobre mim – ou se fará de meu protetor. Se me fizer paternal, é certo que o outro se comportará como filho – ou se rebelará. Se me fizer agressivo, o outro assumirá atitude de enfrentamento – ou de submissão. Se me assumir como chefe, o outro se assumirá como funcionário...

Tudo isso – a essência da dança dos papéis sociais – é *primariamente efetivo, e não afetivo; visuomotor, e não verbal.*

O processo vai dos olhos para o corpo – ou para o gestual (do outro) – e do meu corpo para os seus olhos. Essa é a dança dos papéis complementares e dos papéis sociais.

O OLHAR

Se insisto, como na psicanálise, em *falar* do ocorrido no passado, o processo parece mágico. Se *visto* no presente, atenua-se. Temos todos uma compreensão intuitiva dessas ligações e somos levados por elas bem antes de "pensar" o que quer que seja.

O mecanismo neurótico propriamente dito começa quando não percebo minha atitude, minha posição. Vejo no outro o papel complementar, mas, inconsciente de mim, não percebo o que fiz o outro fazer. Nesse caso, poderíamos falar em "projeção dinâmica". Por exemplo: não vi que entrei me colocando "por baixo", meio encolhido, mas me ressinto quando o outro se faz de superior. Notar: se me ponho a dar explicações, estou pedindo desculpas, inferiorizando-me, justificando-me diante do... superior! Se não percebo ter entrado para brigar, espanto-me quando o outro pede desculpas – ou me agride de volta. Não percebo o olhar de lobo faminto com que o olhei e me incomodo com seu desdém.

E assim os processos do inconsciente profundo – libidinal, afetivo e instintivo, que opera nas profundezas da psique (!) – podem muito bem ser registrados, vistos e mostrados em vídeo...

O MAIS EVIDENTE DOS MISTÉRIOS: EU NÃO ME VEJO

É isso mesmo, leitor, esse é o maior dos mistérios, pois até hoje nunca li em nenhum estudo de psicologia ou sociologia essa descrição ou constatação – de outra parte, o próprio óbvio ululante.

Acredito que até você mal compreende o que afirmei.

Então vamos exemplificar/esclarecer: você já se viu gravado em vídeo ou já se observou numa foto?

Você se reconheceu? Para você aquela figura era você? Ou era um estranho apenas vagamente familiar?

Você já pensou que aquele desconhecido é tudo que os outros veem de você? E mais: que, baseados na aparência daquele desconhecido, eles sabem ou acreditam saber até suas intenções secretas (para você)?

Não começa a se tornar claro por que você é tão mal compreendido pelos outros? Isso acontece porque suas palavras demonstram uma intenção – consciente –, mas sua cara exibe outra ou outras. Você sabe a cara que faz quando fala com sua mulher ou seu filho? Ou com seu patrão? Você nota seus gestos, a posição de sua face quando olha para o outro? Você o olha de cima para baixo ou o contrário? De lado? Nem olha para ele?

Ou você se acredita um puro espírito a se comunicar com outro puro espírito apenas mediante os sons cabalísticos do discurso verbal?

Você faz ideia de que, ao dizer dez ou quinze palavras, faz quatro ou mais caretas e cerca de cinco gestos, todos eles parte de sua comunicação?

Você pensa que ninguém percebe o que acredita estar disfarçando? Sua mulher que o diga! Se um dia ela fizer uma descrição científica, objetiva e completa de seu comportamento, você acreditará que ela é vidente, bruxa, astróloga – ou inimiga perigosa!

Cuidado com ela!

Todas as recíprocas também são verdadeiras!

O BOM DIÁLOGO É UMA DANÇA

Veja, leitor, o quanto se dissipam os falsos mistérios, criados por descrições apenas verbais, quando começamos a *ver* o que está acontecendo, a observar, em um diálogo entre duas pessoas, o que está sendo mostrado *por uma e pela outra*, que estariam "apenas" conversando, ora...

Veja, também, como o que você mostra com as palavras exerce influência sobre o outro, de tal forma que você é tão responsável como ele pelo que está acontecendo, e não só pelo que está sendo dito.

Conclusão preciosa: *nunca* alguém será o *único* culpado por uma briga – ou um desastre psicológico. Nem por horas de felicidade...

O OLHAR

O que está acontecendo é uma dança muito bem combinada (ou não!) de movimentos, olhares, gestos – e sons. Hoje se demonstra, com gravação direta, o quanto essa dança é real.

Sempre que você está se entendendo bem com alguém, ele dança – faz gestos e caras – ao som e ritmo da música de sua voz. O mesmo vale para você, quando for a vez dele. Caso contrário, se não estiverem ambos dançando, estarão falando sozinhos, não haverá "troca de ideias" (ou do que quer que seja). Estarão ambos aborrecendo um ao outro... Talvez esteja ocorrendo apenas uma troca de tédio, ou de ansiedade! Ainda assim, a ansiedade só o atingirá se você "entrar na dança" do outro.

(Por isso Freud evitava colocar-se frente a frente com o paciente, seguindo uma intuição... inconsciente!)

O BOM MOTORISTA

À medida que vamos aprendendo a dirigir automóveis, descobrimos a sistemática do olhar. É fascinante.

Quando chegamos a uma confluência – três a cinco ruas lotadas de carros –, damos uma olhadinha para a frente, outra no espelho lateral direito, mais uma de rabo de olho pela janela da direita e ainda outra olhadinha no retrovisor. Ao mesmo tempo, a mão mexe aqui, o pé ali, e passamos com uma habilidade espantosa pela rede infinita de perigos e ameaças do trânsito denso.

Quando moço, eu ficava com a sensação de "como sou batuta na direção do automóvel". Hoje, mais sábio um pouco, meu "eu" fica meio do lado do "meu motorista", vendo-o atuar e percebendo que coisa admirável é nossa coordenação visuomotora, nossa avaliação de velocidade, de aceleração, de curso de colisão, de sinal, de marcha. Passamos sem esbarrar em nada!

Os olhos, os braços e a coordenação motora são nosso anjo da guarda. Mesmo!

A FUNÇÃO PEDAGÓGICA DO OLHAR

Repetindo o que é importante: se dois terços do cérebro servem apenas para nos mover, e se a estimulação aleatória do encéfalo produz, em dois terços dos casos, movimentos oculares, isso quer dizer que, somados, olhares e movimentos são responsáveis por mais de dois terços das funções cerebrais.

Conclusão: o *cérebro é o mais perfeito aparelho de imitação do universo conhecido.*

O aprendizado básico dos animais é por imitação – o nosso também. Quando entramos num ambiente desconhecido, vamos dando *olhadas* em torno (disfarçadamente!), para adivinhar o comportamento dos demais, o que e como fica bem fazer isto ou aquilo, a fim de não fazer feio.

Aliás, podemos e devemos generalizar: o que caracteriza grupos estáveis de pessoas – gangues juvenis, frequentadores da mesma igreja ou do mesmo clube – é a semelhança de movimentos entre seus indivíduos, *a dança comum.* Basta observar (ver) o comportamento de um recém-chegado para saber se ele é *in* ou *out.*

Podemos, assim, entender de vez os processos de identificação de que fala a psicologia: o filho se comporta de modo semelhante ao pai, segundo o exemplo-padrão. É difícil distinguir entre semelhança genética e identificação psicológica. Em princípio, a semelhança genética está na forma das várias partes do corpo ou da face. A identificação (imitação) está nos gestos e no tom da voz – na expressão!

De modo simplificado, pode-se dizer: quase tudo que chamamos neurose ou distúrbio emocional ocorre por termos nos identificado acentuadamente com um ou mais personagens da nossa vida. Somos muito levados pelos modos e atitudes da mãe, do pai, do herói favorito, do facínora mais temido, do cantor admirado. Vamos imitando muito – e sendo muito imitados – na vida.

COMPREENDER É IMITAR (SABENDO OU NÃO)

Olhando por outro lado: *imitar é o modo mais rápido e fácil de aprender.* É igualmente verdade – como demonstraram neurolinguistas, gestaltistas e psicodramatistas – que se colocar no papel do outro é o modo mais simples (e profundo!) de compreendê-lo. Essa questão é fundamental tanto na vida quanto na psicoterapia. Já a discuti e ainda vou discuti-la de muitos modos. A imitação/identificação é o centro temático deste livro e também, talvez, da vida individual e da evolução de todos os relacionamentos pessoais, isto é, da história da humanidade...

Comecemos dizendo que esse também pode ser mais um "segredo" evidente. É claro que os animais percebem as intenções de qualquer outro animal – inclusive dos seres humanos. Hoje é fácil ver, em documentários, zebras pastando a cinco metros de um bando de leões preguiçosamente deitados. No momento em que um deles se põe de pé, boceja e começa a se mover, aí elas se afastam depressa!

É claro, como se diz, que as mulheres intuem aquilo que marido, filhos ou demais parentes próximos estão querendo (até quando nem eles percebem que estão!). Pode ocorrer de elas intuírem o mau caráter ou as más intenções de um possível sócio do marido – mas aí o Senhor Marido não gosta! Intuindo – vendo caras e jeitos –, elas podem amenizar conflitos (usando o famoso "jeito" feminino) ou infernar a vida do infeliz comparsa ou dos filhos!

Sempre que cruzamos com um desconhecido que pode ser importante para nós, fazemos todo o possível para adivinhar se lidamos com um bom camarada ou com um mau caráter. Por vezes acertamos, em outras erramos. Acertamos mais quando "ouvimos o coração" (outro nome para a intuição, a percepção imediata – animal e visual – do outro). Erramos mais quando "pensamos", porque nesse caso os desejos podem perturbar bastante nossos brilhantes julgamentos – principalmente quando temos de tomar decisões de certo vulto e desejamos com força que algo aconteça. É mais do que sabido: em todo conto-do-vigário, o negócio acontece entre dois desonestos, um fazendo promessas mirabolantes e outro, otário, querendo acreditar.

COMO FUNCIONA O OLHAR NO CONSULTÓRIO DE PSICOTERAPIA

Ao contrário do que se diz, o diálogo tido como "terapêutico" é bem parecido com qualquer outro, *desde que ambos os participantes estejam interessados um no outro.*

Aqui opera um poderoso preconceito que diz serem muito diferentes o diálogo pessoal, comum, e o diálogo psicoterápico. Como o terapeuta estudou, é profissional e pago, entende mais das coisas de psicologia do que o cliente – o que pode ou não ser verdade.

Todo preconceito fala de *categorias*, e não de *indivíduos* – distinção fundamental sempre que se fala de pessoas, entre as quais as individualidades podem ser muito diferentes do que se poderia esperar dos papéis sociais. Há médicos incompetentes, advogados espertalhões, sacerdotes não muito santos. Sabemos disso muito bem, mas é de longe mais fácil acreditar que o profissional é como deveria ser do que avaliá-lo pessoalmente – ou até contrapor-se a ele, quando for o caso.

Aprendemos a venerar e aceitar sem crítica os papéis sociais desde muito cedo, quando mamãe e papai são deuses, *conforme todos dizem* (não sei se a criança acredita; de perto ninguém é normal, disse mestre Caetano, e crianças vivem muito perto dos pais...). Existem com certeza clientes mais inteligentes e mais bem informados (inclusive sobre psicoterapia!) do que muitos terapeutas e, de outra parte, terapeutas que, não obstante o diploma, podem ser notavelmente incompetentes em questões humanas, inclusive quanto ao próprio modo de viver. Terapeutas podem ter tantas dificuldades na educação dos filhos e tantas brigas de casal quanto os demais!

Diante do visual – da comunicação "não-verbal" – nenhuma distinção cabe entre esses dois tipos de diálogo, o comum e o técnico, assim como em relação à competência, ou à personalidade, do profissional.

O INDIVIDUAL E O COLETIVO SÃO INCOMENSURÁVEIS

É preciso compreender de uma vez por todas – ou permanecer alienado para sempre – que o individual é sempre único (na verdade, individual e único são sinônimos), quer estejamos nos referindo a pessoas, quer a momentos ou situações.

A realidade jamais se repete e nada é absolutamente igual a nada.

Por outro lado, nenhuma estatística chega a 100%, com certeza. Digo isso porque os seres humanos, na ânsia de prever o futuro sem erros – e de sentir-se seguros –, inventaram a estatística, que indica essa coisa curiosa que é o "grau" de certeza – ou de "verdade"! Mas é preciso repetir incansavelmente que estatística alguma poderá nos dar "a" certeza. Dará apenas a *probabilidade*, maior ou menor. Dito de outro modo: usando estatística, jamais poderemos ter a desejada certeza do que efetivamente acontecerá. Um exemplo é o medo de avião. É fácil dizer, nesse caso, que andar na rua de qualquer cidade é mais perigoso do que voar. O que a pessoa quer saber – *e estatística alguma jamais lhe dirá* – é se o avião que ela vai tomar cairá ou não. O risco de acidente pode ser, digamos, de 1 em 100.000. Nem assim posso ter certeza de que "meu" avião (esse é o individual) não cairá.

O SIGNIFICADO DE TODA PALAVRA – EXCETO NOMES PRÓPRIOS – É ESTATÍSTICO

Leitor, espero de você uma compreensão difícil, mas fundamental para a lógica, a ciência e o cotidiano – e que tem tudo que ver com o olhar e as palavras.

Repetindo: o significado de toda e qualquer palavra é estatístico ou funciona como se fosse, exceto o dos nomes próprios.

Se penso em "cavalos", em minha consciência todos os cavalos subentendidos por essa palavra são iguais entre si (estatística de 100%!), o que é uma impossibilidade demonstrável, pois nenhum cavalo é rigorosamente igual a outro. Ou então estou pensando em um cavalo especial, aí o pensamento tem sentido – e realidade. Mas nesse caso não estou "pensando" (abstrato, genérico), estou recordando (momentos concretos, individualizados). Não existem "os cavalos", *a não ser como palavras*, pois – de novo – eles são, concretamente, diferentes entre si.

Se penso em "mulheres" é muito pior, pois acredito que entre as mulheres o número de diferenças é bem maior do que entre os cavalos...

"Os americanos", "os primitivos", "os ricos" e todos "os" não existem de fato. São – dizemos – abstrações/generalizações/palavras. Os significados são estatísticos – aplicam-se a todos os objetos ou seres *aceitos como iguais entre si*, o que tampouco existe (não há dois objetos, duas pessoas ou duas situações rigorosamente iguais entre si). Mas as pessoas vivem confundindo abstrações e generalizações (palavras) com seres concretos (objetos, pessoas ou situações), sem perceber que estão fazendo uma confusão ontológica, um erro de realidade (se posso dizer assim). Se é só conversa, nada de muito grave, mas se você pretende tomar uma decisão a confusão pode ser fatal.

O OLHAR

Vamos por outro caminho: se conheço um homem e sei que ele tem 40 anos, é engenheiro, casado, brasileiro e vacinado, esse conhecimento só me serve para funções coletivas: certificados, atestados, declarações, impostos... Sob as mesmas qualificações posso encontrar ótimas e péssimas pessoas – e isso de vários ângulos, pessoais ou profissionais. Posso até, nesse caso, ter uma atitude inicial baseada naqueles dados (quando vou consultar um especialista, por exemplo), mas logo após encontrar a pessoa – e aí os olhos entram em função – esses adjetivos começam a ser requalificados. Passo a *vê-la* em vez de *saber* (falar) algo dela.

O genérico – as palavras – facilita enormemente a comunicação, o pensar e até o sentir, mas jamais substituirá a impressão visual (e sonora, tom de voz) que a pessoa despertou em mim. O que é "mais importante" – o genérico ou o individual – depende do contexto, dos interesses dos participantes, do que cada um espera do outro.

"PAI É PAI"

Vamos exemplificar – sempre a mesma ideia – com a família; assim todos compreenderão, porque todos sofreram e aprenderam com ela bem mais do que dizem.

"Pai é pai." Quantas vezes você ouviu ou falou essa frase? Está suposto (isso é o genérico, o abstrato e o "eterno") que todo pai é uma boa pessoa, que cuida bem de seus filhos e os ama, que não bebe nem joga, que se dá tão bem com a mãe...

Isso é fato? Será verdade que *todo* pai é assim? Os pais serão *sempre* assim? Quando as pessoas dizem "pai é pai", parece que sim!

O que há de verdade nessa afirmação? Só a paternidade biológica. Tudo mais são pressupostos. Na verdade, preconceitos. Se consi-

J. A. GAIARSA

derarmos quatro pais diferentes – Carlos, André, Mário e Ângelo –, teremos quatro universos distintos e quatro pais incomparáveis, isto é, muito diferentes entre si como pessoas e como pais. Só a visão – para começar – e depois o convívio (e muitas outras observações) poderão mostrar como cada um deles é de fato.

Como conceito, "os pais", que Deus me perdoe, são por demais semelhantes a "os cavalos" – todos iguais entre si...

E talvez a ironia não seja só ironia, mas sim o começo do pensamento na infância, quando aprendemos que "pai é pai". Então, e só então – e na voz de quase todos –, qualquer pai é perfeito; e é bom não dizer nada contra caso você não concorde.

Fato curioso e que comprova a tese. Quando faço, em grupos de estudos, leitura corporal com auxílio de vídeo, uma das perguntas provocadoras (para ver as caras que a pessoa faz) é: "Me diga três qualidades de papai" ou "Me diga três defeitos de mamãe". Fico sempre surpreso com a *extrema dificuldade* das pessoas em responder. Parece mentira que, convivendo com o pai e a mãe por tantos e tantos anos, elas não consigam dizer dois ou três adjetivos aplicáveis a eles – isto é, tudo se passa como se elas jamais tivessem visto seus pais!

Conclusão: pai e mãe são... intocáveis. Como nada posso dizer contra eles, *desisto de percebê-los* conscientemente – ou criticamente – e continuo dizendo que "pai é pai" e "mãe sempre sabe o que faz".

Estou estudando a origem do significado das palavras e tentando mostrar o quanto aprendemos dele na infância – e da pior maneira possível, isto é, deixando de ver, sendo *proibidos de ver* como são as coisas. Depois, as ideias e talvez todas as palavras (ou conceitos) passam a ser tidas como "perfeitas", transferindo-se a falsa noção de "pai é pai" para todos os demais conceitos. Nascem os "conceitos universais", irmãos das ideias platônicas, muito mais perfeitas do que a realidade...

O OLHAR

Com esse absurdo ganha-se a sensação de segurança (falsa!): tudo se repete e tudo é perfeito, que mundo maravilhoso! Desse modo se dá uniformidade ao pensamento – "todos pensam assim" (as mesmas palavras significam a mesma coisa para todos). Inibe-se a visão crítica, e *as palavras* (sempre parciais e genéricas) vão ocupando o lugar do *ver*, que nunca é genérico, abstrato, muito menos eterno.

Último esclarecimento: nesse contexto (todas as reflexões sobre as palavras), verbal, abstrato, genérico e "eterno" são sinônimos para mim. Só o significado das palavras dura para sempre e é "igual" para todos. Melhor se forem escritas (a lei!), ideal se forem os "Livros Sagrados".

E COMO É ISSO ENTRE QUATRO PAREDES E ENTRE MIM E VOCÊ?

Agora estamos em condições de compreender o que acontece na psicoterapia – e a "teoria" correspondente.

Toda teoria – não só as psicológicas – pretende ser completa ou acabada, isto é, capaz de explicar tudo que acontece em sua área. Em relação à prática psicoterápica, espera-se que o profissional saiba tudo sobre a teoria adotada, que saiba explicar tudo que acontece e sempre consiga aplicar as técnicas mais convenientes em qualquer situação pela qual o paciente esteja passando.

Claro que esses são pressupostos altamente discutíveis, mas, de outra parte, em perfeito paralelismo com "pai é pai". Como preconceitos que são, as pessoas *esperam que tudo seja assim* e os profissionais não muito conscientes (!) podem pensar parecido.

Além disso, faz parte da prática usual em medicina e psicopatologia classificar as personalidades, também com o pressuposto de que, enquadrada a pessoa – feito o diagnóstico –, o profissional saberá compreender tudo que aconteça com ela.

Calma, leitor. Eu sei que essas frases são todas absurdas (genéricas, abstratas, universais e eternas), mas muitos terapeutas e muitos pacientes se comportam e pensam como se elas fossem verdadeiras, o que *modela – inconscientemente – as expectativas* de uns e de outros. *O que desperta expectativas – coloca-nos em atitude de espera definida – influi na formação de pensamentos e sentimentos. Indiretamente, influirá sobre terceiros.*

O terapeuta esquece que deve sua existência precisamente a aplicar a teoria (genérica) ao paciente (individual). Nesse sentido, o diálogo terapêutico consistiria em "aplicar" técnicas ou "interpretações" oportunas em relação aos relatos e/ou comportamentos do paciente – mais aos relatos do que aos comportamentos, sempre que a terapia é de inspiração psicanalítica.

Nem eu nem Reich – que iniciou o processo – temos esquemas para explicar "tudo" que os clientes vão revelando ou mostrando no rosto, no corpo, na voz.

Nas terapias centradas na comunicação não-verbal, não há "dicionários" para qualificar e depois trabalhar – e enfim "resolver" – as tensões musculares que definem caras, gestos, posições e tons de voz dos pacientes. Será preciso tentar, improvisar e adivinhar, esperando que ocorra a inspiração – a intuição oportuna.

Muitos leitores – inclusive profissionais – poderão sentir-se indignados com essa colocação. "Como? Você estudou não sei quantos anos, fez não sei quantas terapias e agora acha que é preciso improvisar? Você, definitivamente, não é um profissional competente. Na verdade, nem parece um profissional. Você precisa voltar para a escola – ou desistir da profissão!"

No entanto, nas raízes psicológicas e filosóficas do existencialismo, é exatamente isso que se diz. Toda "técnica" ou verbalização baseada na teoria, aplicada ao cliente, é uma violência do profissional contra ele, um abuso de poder. Violência no sentido de enquadrá-lo, julgá-lo – na verdade, tentar reduzi-lo ao que a teoria diz que é

O OLHAR

certo... Ou ao que é "normal". Ou tentar trazê-lo de volta para a "realidade".

Além disso, e muito pior. O profissional faz o que todo mundo faz: "minha" verdade – a da minha teoria – é *a* verdade, e você está errado!!! Ou, pior, "a culpa é sua". Ou – no limite – "você devia"...

Claro, ninguém diz tais coisas desse modo – tudo é disfarçado com os sagrados nomes de ciência, pesquisa, experiência e formação profissional.

Tudo igualzinho a "pai é pai"... E o profissional, que, em princípio, é pago para ajudar o paciente a afrouxar laços familiares ("resolver a transferência"), assume uma atitude de pai, de mãe – ou de "autoridade". Na verdade, de um qualquer, pois vamos sendo todos impregnados desde as primeiras horas de vida pelos preconceitos perfeccionistas relativos a mãe, pai e família – primórdios das ideias platônicas, perfeitas...

É sempre a história de um que sabe e outro que é ignorante: o adulto e a criança, pais e filhos.

Claro que o profissional, em regra, não usa termos tão explícitos, mas, quando se traduz a nomenclatura, o que está sendo dito é isso.

Então para que escola e formação profissional?

Para ampliar o contexto do ser humano (anatomia, fisiologia, sociologia, filosofia, antropologia, patologia...).

Para aprender certos modos úteis de dizer coisas.

Para aprender – treinar – "em que prestar atenção", e aí as teorias já começam a divergir. Enquanto as terapias verbais se atêm mais ao relato, as corporais se atêm mais à observação.

Seria bom que a escola servisse para que os alunos (e os profes-
sores!) ganhassem maior e melhor consciência de si – do seu corpo –
e, hoje, com o auxílio do vídeo, se familiarizassem com as expressões
do próprio rosto, com seus gestos e sua voz.

Esse aprendizado envolveria muitas e muitas *descrições* de alunos para alunos, de professores para alunos e de alunos para professores! As perguntas "como eu sinto você?", "que vontade sinto diante de você?" e "o que você desperta em mim?" são exemplos do que
se pretende.

Envolveria, enfim, *gravações simultâneas de duas pessoas em*
diálogo, subsequentemente observadas em uma mesma tela – lado a
lado – a fim de evidenciar o quanto as expressões corporais de um
influem no outro e vice-versa.

É incompreensível que profissionais da consciência não conheçam suas expressões corporais, dedicando-se a estudar apenas seus
pensamentos, recordações, fantasias e emoções.

A atual formação de profissionais continua a propagar e reforçar
a falsa noção de que "o de dentro" – o mundo subjetivo – só é percebido pelo sujeito e que se eu quiser ou precisar disfarçá-lo é fácil –
já vimos – até demais...

Esse preconceito, tido como indiscutível, é falso e só pode sub-
sistir sob o pressuposto de que é possível "não mostrar nada" (de que
o terapeuta não está nem aí...). Daí nascem as noções de "atitude neutra", "objetividade científica", "análise didática" e outros artifícios –
todos baseados na tese de que "o paciente não vê o terapeuta", assim
como na de que "o terapeuta tampouco vê o paciente".

É uma dupla negação a ser preenchida com milhões de palavras
especiosas, confusas, difíceis.

Já em outros lugares assinalei este fato que, não sendo uma
"coisa séria", não pode figurar nos textos sagrados: a importância da
cara do terapeuta no andamento da terapia...

Diga, leitor, será que a cara do profissional não exerce influência nenhuma sobre o cliente? Será que isso é possível?

Enfim, como resultado desses vários aprendizados (só os primeiros figuram nos programas), espera-se que o terapeuta ganhe um mínimo de liberdade ou se livre de um mínimo de preconceitos. Comentando a supervisão dos iniciantes pelos mais experientes, de novo digo algo inesperado. A supervisão não consiste primariamente em aprender o que quer que seja com o mestre. Consiste em desenvolver no estudante sua segurança diante do cliente (até o ponto de ele se sentir livre!), baseada no pressuposto – igualmente falso – de que o mestre sabe como são as coisas e pode livrá-lo de erros graves. Com esse apoio moral ele se mantém na ativa e vai aprendendo, até descobrir que o mestre não sabe tudo, mas, ao mesmo tempo, que não é preciso – nem possível – saber tudo, o que não o impede de fazer intervenções úteis.

Tudo igualzinho à família, na qual papai e mamãe "sabem tudo" e nos garantem segurança...

Igualzinho à escola, na qual se acredita que, uma vez sabidas as coisas, uma vez "formados", estaremos livres de erro...

OS "MILAGRES" DE TERAPEUTAS FAMOSOS

Os "milagres" de terapeutas famosos – as entrevistas que marcam época, passam para livros e geram "técnicas" – nascem invariavelmente de indivíduos soltos, de Stekel a Moreno, de Erickson a Pearls. Tornaram-se notáveis pela capacidade de improvisar – pela "competência" em não seguir regras...

Sem transgressão não há individualização! De onde se deduz que só quando não sigo regras estou fazendo como convém, pois paciente e terapeuta, em cada hora clínica, não são mais os mesmos.

Enfim, no prefácio de *Análise do caráter*, Reich, negando – inconscientemente! – toda a noção de "ciência", afirma que uma técnica eficaz só pode nascer no aqui e agora, isto é, nunca se repete e portanto não é técnica – nem ciência! Porque técnica e ciência são termos que só podem ser aplicados ao que se repete – descoberta e uso de "leis naturais", isto é, de repetições bem constatadas.

Aliás, e enfim, estamos falando do cotidiano, no qual *a cada momento* determinamos o futuro à custa do que decidimos aqui e agora. Se renunciamos à decisão (que envolve escolha e, portanto, incerteza), entramos em repetição – sinônimo de inconsciência e automatismo, de "defesa de nossos Sagrados Valores Tradicionais", conservadorismo.

Generalizando: o curso da história – ou o destino da humanidade – é determinado a cada momento pela soma das escolhas feitas aqui e agora por todos os seres humanos. Isto é, ao mesmo tempo, *a estrutura social naquele instante e em todos os instantes.*

"O PACIENTE ESTAVA FORA DA REALIDADE"

O leitor não faz ideia da frequência com que se lê nos textos especializados esta frase terrível: "O paciente estava fora da realidade". Inúmeros estudiosos mostram-se deveras ingênuos, ou ignorantes, ou inconscientes, em relação ao significado dessa palavra que vem sendo discutida desde a Grécia.

O QUE É REALIDADE?

Hoje, um pouco menos ignorantes ou fanáticos, conseguimos dizer: *qual* é a realidade de *quem*, de *onde*, de *quando*. E não estou me referindo ao que é vaga e coletivamente aceito como "realidade" em certa época, em certa cidade, em certo grupo de estudiosos. Hoje usamos as três condições – realidade de quem, de quando, de onde –

para o indivíduo, *este* indivíduo, em sua *história pessoal*, em sua *circunstância* e em seu *momento atual*.

Será que a "realidade" de um esquimó terá a menor semelhança com a de um índio da floresta tropical? Será a "realidade" de um milionário de nascença comparável à de um favelado? Será a "realidade" de um nordestino (aqui, no Brasil) comparável à de um sulino? A de um brasileiro à de um norte-americano? A de um idoso à de uma criança? A de um psicanalista à de seu paciente? A de Freud à de Einstein? Basta? Note: faltam ainda todas as realidades de cada um... Dirá então o leigo inteligente: quer dizer então que teoria e técnica não servem para nada? Que qualquer um pode ser terapeuta?

Preparação ajuda, se o camarada souber aprender (alguns não aprendem) ou se o orientador souber ensinar (alguns não sabem). Sempre a dança – a dois.

Segundo Carl Rogers – que conheci e estimo, ainda que mal conheça seus textos –, há inúmeras pessoas que são ótimas para compreender, esclarecer e apoiar o próximo em horas difíceis. Vou além: em certas circunstâncias, qualquer pessoa pode – mesmo numa conversa de bar – ser de muita valia para outra.

Entre os cinco diferentes tipos de inteligência descritos por Howard Gardner há dois particularmente aptos para a compreensão/ajuda pessoal: têm facilidade para compreender fenômenos psicológicos, sejam interpessoais, sejam interiores ou intrapessoais.

Muitas vezes, palestrando em escolas de psicologia e falando com estudantes, perguntei-me e perguntei a eles o quanto a escola ensina, e as respostas não eram muito animadoras. Parece que a dedicação a princípios gerais antes perturba do que ajuda a compreensão. Lembre, leitor: princípios gerais são do tipo "pai é pai"...

A pior opinião que ouvi referia-se à primeira aula de psicoterapia, e o comentário do professor é de assustar (mas excepcionalmente honesto): o mais difícil da psicoterapia é disfarçar as próprias emoções...

De há muito me espantam três fatos nessas escolas: a saleta de espelhos de visão unilateral ainda ser utilizada; não serem feitas gravações em vídeo para aprendizado e supervisão; os próprios estudantes não serem usados para o aprendizado das relações interpessoais, com a aplicação de testes e a realização de terapias recíprocas.

Os alunos acabam medianamente sabidos, cheios de "diagnósticos", fórmulas feitas, interpretações e uma atitude de certo orgulho – o orgulho dos que sabem...

Eles sabem que... "pai é pai".

Enfim, a opinião coletiva sobre psicólogos e psicologias não é das mais favoráveis – nem das mais simpáticas. Talvez por alguns dos motivos declarados...

IRONIAS DAS CIÊNCIAS – OU DA HUMANIDADE

Foi preciso que os aristocratas da ciência – os físicos – demonstrassem matematicamente (!) a influência do experimentador sobre o resultado da experiência para que os demais cientistas começassem a acordar para o assunto. No entanto, em nenhum outro ramo de conhecimento humano a influência do experimentador é tão evidente, importante e decisiva quanto em psicologia.

E em nenhum outro campo é tão negada!

Difícil nesse contexto deixar de lembrar Jesus Cristo: o que pode acontecer quando um cego guia outro cego?

Então, não há nenhuma esperança sobre a possibilidade de desenvolver técnicas que facilitem a compreensão e a eventual solução de dificuldades pessoais?

INTUIR É COMPREENDER – OU IMITAR?
(MESMO SEM PERCEBER...)

É muito bom conseguir imitar com facilidade. Aprende-se e compreende-se o outro muito depressa. É a habilidade – e a desgraça – das personalidades histéricas, bem mal compreendidas em um mundo no qual a distância e a indiferença de uns pelos outros são tidas como virtude. "Não sou influenciado por ninguém", diz a cara e a atitude de John Wayne, candidato a modelo nacional de norte-americano... Cara de quem diz, com o queixo duro (de quem aguenta tudo) e o sorriso torto, "Mas depois você vai ver"...

Diziam os escolásticos: "Pela inteligência o homem pode fazer-se todas as coisas". O homem pode, realmente, fazer-se (ou experimentar-se como) todas as coisas, mas não pela inteligência, e sim pela imitação – pela motricidade, portanto.

Aí temos um começo de proposta para o aprendizado dos psicoterapeutas: olhe muito (pense pouco...) e tente fazer parecido com o que você vê. Compreenda primeiro o outro em você.

Mas, se você é meio amarrado e não consegue imitar, só serve para certo tipo de cliente, os pouco móveis. *Similia similibus curantur*, dizem os homeopatas. "Cura-se o igual com o igual..."

Também serve – mas é mais difícil de realizar e bem menos claro – o conselho de Freud, da "atenção flutuante", que alguns reformularam para "atitude neutra". Não existe atitude neutra se entendermos pelo termo uma atitude que não exerce influência alguma sobre o outro. Também a "atitude neutra", seja ela qual for, desperta alguma resposta no interlocutor, talvez até o desinteresse completo se ela for entendida como "cara-de-pau", inexpressiva, parada ou até boba...

Cara sem intenção – será que existe?

Importante seria estar presente e disponível para o outro, o que só conseguimos quando estamos mutuamente interessados. Aí a dança dele tende a se reproduzir em nós e, por essa imitação, podem surgir na consciência (do terapeuta) comentários oportunos e úteis. Mas então estamos no lugar de onde partimos: a dança espontânea de dois que querem se entender.

Cumprimos também um mandato de Jung: se em certa terapia o terapeuta não experimenta mudança alguma, é bem pouco provável que o cliente experimente. Foi ele que despertou em mim a noção confuciana da *reciprocidade*: onde ela não existe, disse o sábio, há opressão ou exploração.

Veja-se o horror – e a tolice – do contrário. Fiz supervisão breve com duas terapeutas maduras e experientes que já haviam realizado supervisão com outros dois profissionais diferentes. Mas ambos se igualavam num conselho descabido: quando notavam que a terapeuta estava interessada no paciente, recomendavam a ela que o enviasse a outro terapeuta!

Onde está a tolice? Ela é dupla. Medo de relacionamento (do terapeuta!), imaginem! E pior: se indico para um colega todos os clientes que acho interessantes, fico com os que não me interessam, não é? E aí será que pode acontecer alguma coisa que não seja conversa erudita, obrigação penosa ou tédio a dois? Mas não foi precisamente para fugir disso que o cliente me procurou? Porque sua vida era só de obrigações e pouca ou nenhuma satisfação? Porque vivia fazendo tudo que não o interessava só porque "devia"?

Triste contradição: o terapeuta que se propõe a "desmascarar" o paciente é, ele também, um mascarado – e sua máscara é socialmente aprovada, até exigida...

Talvez a questão fique mais clara se examinarmos outra afirmação bem mais geral, do tipo "pai é pai". Na entrada de todos os lugares onde se formam psicoterapeutas está escrito em vermelho:

"Não se envolva".

Já se viu tolice mais rematada? Como é possível não se envolver com alguém com quem me encontro durante uma, duas ou mais horas por semana, durante meses, em um diálogo tantas vezes íntimo?

Vou além, repetindo-me: sem me envolver será que exercerei alguma influência?

Ou, mesmo, reformulando Jung: *quem não se envolve não se desenvolve.*

O OLHAR

Enfim: alguém se envolve – ou consegue não se envolver – *por querer*? A emenda é pior que o soneto. Reconhecendo que é impossível não se envolver, hoje muitas escolas de psicoterapia apelam para a supervisão. Se você sente que está se envolvendo com o cliente – com amor, medo ou ódio dele –, "confesse" ao seu supervisor, "analise" com ele os fatores de seu desenvolvimento que propiciaram essa situação infeliz e assim ela se desfaz.

Primeiro, não sei se se desfaz. *Explicações dificilmente mudam sentimentos*. Depois, tenho sérias preocupações éticas. Será legítimo "esconder" meus sentimentos diante do paciente? (Digamos que ele não percebeu, o que é bem pouco provável.) Será decente esperar do outro sinceridade incondicional enquanto "guardo" minha sinceridade para meu "superior"?

Não será essa a essência de todo autoritarismo?

Espero que o leitor esteja percebendo o quanto os olhos estão presentes nessa longa digressão. Foi para negar sua presença e atuação que se instituíram tantas teorias e regras descabidas, que deturpam consideravelmente as relações entre paciente e terapeuta, para não falar nas relações entre as pessoas em geral. De outra parte, a omissão do olhar, como vimos até demais, é um dos fundamentos da sociedade autoritária – "causa" das dificuldades do paciente (e do terapeuta!). Como ser útil, depois – pensaria o terapeuta –, a quem é tão vítima como eu da mesma opressão (e no mesmo ato!)?

O CLIENTE ME VÊ TANTO QUANTO EU O VEJO

Estamos ambos trocando comunicação não-verbal e verbal. É nesse campo que acontecem todas as coisas que criticamos. Mostramos assim, espero, o quanto a palavra pode ser mentirosa, o quanto é difícil mentir de olhos abertos – e olhando!

J. A. GAIARSA

Resumo: "quem vê cara não vê coração" é a mentira cósmica fundamental na manutenção da sociedade autoritária, na qual não convém dizer o que você vê nos superiores, mesmo que o superior seja o psicoterapeuta – ou Freud.

A NEUROSE CONSISTE EM SOFRER DE IDENTIFICAÇÕES

A neurose também tem espaço aqui. Se frequentemente sou tomado por identificações – com mãe, pai, ator favorito ou quem seja –, nunca estou no meu lugar, nunca sou eu, nunca estou em mim mesmo. Estou permanentemente meio entortado, como se desde pequeno tivessem me vestido com roupas elásticas dotadas de reforços dispostos irregularmente. Pior ainda se esses personagens com os quais estou identificado forem, por exemplo, sofridos, agressivos, autoritários, medrosos, confusos...

Em outras palavras: estou revestido (re-vestido) de identificações, atitudes e gestos que não são meus. Não consigo me mover livremente. Por isso sinto medo – *porque não tenho à minha disposição todas as minhas forças* –, não tenho certeza de que meu corpo (ou meu "eu") possa fazer tudo que as circunstâncias exigirem.

Percebam: essas amarras foram surgindo *vendo* papai, mamãe, caras, personagens de televisão e cinema – vendo, vendo, vendo... E, como é próprio do cérebro, vendo e imitando, imitando, imitando, querendo ou sem querer, sabendo ou sem saber.

Vi um livro de um fotógrafo que registrou as expressões de seu filho. Com poucos dias de vida, ele imitava claramente as caras de todas as visitas que olhavam para ele (e ele para elas, claro!).

Nosso destino é determinado acima de tudo pelas identificações que se fizeram (sozinhas, sem que ninguém soubesse ou quisesse) pelo olhar, nos primeiros anos de vida, quando as palavras ainda significavam bem pouco.

Esse fato, hoje indiscutível, é de todo ignorado pela pedagogia – e pela opinião pública –, segundo a qual a criança só começa a aprender quando entra na escola e só aprende o que pode ser dito em palavras.

É preciso elucidar melhor outro aspecto: se sofro de uma identificação com meu pai, não quer dizer que faça sempre e somente como ele fazia. As identificações só se ativam quando passo por situações semelhantes às que ocorriam na formação delas.

Na mesma linha, pode-se compreender a complexidade da personalidade que resulta de tantas identificações.

IMITAÇÃO E IDENTIFICAÇÃO

Outro ponto a assinalar: se quisermos diferenciar imitação de identificação, podemos dizer que a identificação é uma imitação inconsciente. Não percebo – não sei – que estou imitando. Mas o outro pode ver. É notório: após visitar amigos que têm filhos, constatamos a semelhança de modos entre as crianças e os pais.

Imitar por querer é diferente, pois, nesse caso, faço essa escolha por ser útil, oportuno ou benéfico imitar. Além disso, como é óbvio, se imito por querer sei ou tenho consciência de estar imitando, desejei imitar. Mas pode muito bem acontecer de eu começar a imitar por querer e, pouco a pouco, terminar imitando sem querer. Essa ocorrência é comum no aprendizado prático de uma profissão – quando o aprendiz acaba imitando, sem perceber, o jeito do mestre.

Talvez seja essa a origem da lenda do "aprendiz de feiticeiro".

O fato é que a maior parte do aprendizado de vida se faz muito mais por imitações do que por explicações, demonstrações, sermões.

SUA EXCELÊNCIA, A MARQUESA DO BRÁS

Atendi em certa ocasião uma senhora que me contou a seguinte história. Meio esquecida pelos pais, que pouco se incomodavam com ela, encontrou um livro que contava a história de uma menina abandonada que certo dia viu parar diante de seu casebre a carruagem do Senhor Marquês. Ela era sua filha bastarda e, a partir desse dia memorável, passou a ser aceita pelo pai, a morar com ele e a gozar das regalias que se imaginam.

Minha cliente continuou: "Li essa história mil vezes, sentia-me como a menina e vivia esperando a carruagem... Quando me tornei moça, certo dia eu mesma me disse: 'Agora chega de bobagens, de sonhar com minha nobreza secreta. Preciso tomar jeito, começar a trabalhar...'"

Nada mais razoável do que essa decisão, dirá você.

Mas você não a viu. Em seus trajes, atitudes, maneiras e meneios, ela *era uma marquesa*! Quando entrou no consultório, sua "nobreza" era tão evidente que pouco faltou para que eu lhe fizesse uma reverência e beijasse sua mão no estilo dos luíses!

Detalhe penoso e engraçado: a moça era bastante inculta, então nela se combinavam gestos de grande estilo com uma linguagem bem simples e popular.

Traduzo assim: quando ela "deixou de pensar bobagens" e se propôs a "criar juízo", esquecendo a marquesinha, esta se apossou de seu corpo, já que não podia mais se apossar de sua consciência, de sua fantasia.

A fantasia encarnou. Por mais evidentes que fossem seus gestos e atitudes, por mais que eu a descrevesse e imitasse, de modo algum consegui convencê-la de sua aparência. Se naquele tempo já existissem minicâmeras de vídeo, eu a mostraria para ela mesma – e ver-se seria o maior espanto de sua vida.

Repito: tal processo, tão esquematicamente atuante nesse caso, é geral. Podemos nos "identificar" com personagens de nossa fantasia sempre, porque visão e motricidade são uma dupla inseparável. Aliás, como vimos, é por isso mesmo que imaginar pode tanto ser terapêutico como patogênico.

Hoje usamos as expressões "identificar-se" e "desidentificar-se" em sentido diferente – a meu ver, mais claro como descrição. Uma coisa é sentir-se deprimido, outra é sofrer de identificação com esse estado. Quando identificados com a depressão, temos a sensação persistente de que aquilo durará para sempre. Não posso, então, dizer "estou deprimido". Melhor será dizer "sou depressão" (e não há nem haverá no mundo nada além disso...).

A ASSIMILAÇÃO DA IDENTIFICAÇÃO

Quando alguém pretende graus elevados de desenvolvimento pessoal ou liberdade, é preciso *assimilar as identificações*, isto é, torná-las conscientes (na velha nomenclatura psicanalítica). É preciso de algum modo conter ou impedir a identificação, que é sempre automática, isto é, rápida, anterior a qualquer reflexão ou decisão, e sempre muito semelhante a si mesma (repetitiva, "transferência").

Para assimilar a identificação é preciso cultivar a propriocepção – a sensação das minhas posições e dos meus movimentos – daquilo que me move e daquilo que me mantém (de pé), que me segura, contém, limita e equilibra. Nosso corpo é uma forma por demais instável. Altos, base pequena, maior peso e maiores movimentos em cima: alta predisposição a cair. Muito do cérebro existe e atua a fim de nos manter em pé, de nos equilibrar (mesmo quando nada se fala a respeito).

OS MÚSCULOS SENTEM

Nosso aparelho locomotor é, também, um aparelho sensorial, o que é sistematicamente omitido quando se fala em músculos, esforços, intenções, impulsos, realização de desejos ou ações.

Aliás, essa categoria sensorial é omitida do conhecimento público e do ensino escolar. Para quase todos, temos "cinco sentidos" quando, na verdade, temos seis. O sexto não é a intuição feminina, é a sensação de posição e movimento, a propriocepção. Você só encontrará ensinamentos sobre a propriocepção em textos avançados – médicos, científicos – de neurofisiologia. A omissão é de tal ordem que inclusive textos de biomecânica mal se referem a ela. Podemos sentir, a qualquer momento, nossa posição e a posição de cada uma das partes do nosso corpo. Essas sensações nos mostram a cada instante a presença, a atuação e a distribuição de nossas forças e pesos. Somos bonecos articulados e cada uma de nossas partes tem autonomia relativa, peso e centro de gravidade próprios, movimento independente (mãos, pernas, braços) ou ligado aos movimentos do corpo todo. Essas sensações nos permitem perceber, portanto, nossas intenções (= "em tensão"), tanto conscientes quanto inconscientes.

Com tempo e treino poderemos, por meio dessas sensações proprioceptivas, ter uma boa ideia das expressões que mostramos, pois todas elas se fazem à custa de contrações e tensões musculares – que posso sentir e, em certa medida, modificar.

Se todos os esforços, posições e intenções presentes em meu corpo em certo momento podem ser sentidos, então eles podem se tornar conscientes e, no limite, voluntários. Aliás, é bem passível de se crer no efeito que as interpretações psicanalíticas – quando atuantes – têm sobre a pessoa, porque a levam a perceber suas intenções, trazendo assim o automático para a consciência. E para a vontade.

Os músculos são sempre considerados simples executores de nossa vontade ou de nossas decisões. Mas, se *não soubéssemos* a cada instante como estamos e qual a disposição das partes de nosso corpo, como seria possível fazer alguma coisa?

Seria como se, num guindaste, a cabine fosse toda opaca, impedindo o operador de ver onde se acha a carga e onde estão a lança e o gancho.

O melhor modo de desenvolver a propriocepção é a prática de movimentos *lentos, com os olhos fechados,* evitando representações visuais, a fim de alcançar a sensação pura de força e movimento. Um bom modelo para pensar – e começar! – é o tai chi.

É fundamental compreender: essas sensações não são figuradas, não têm *forma* nem *imagem.* Não são "visualizáveis" nem imagináveis. Uma frase pode caracterizá-las: *sensação de energia pura.* Depois de muita prática, vai surgindo uma questão profunda: *como* eu me movo ou até *quem* me move...

Pelo que logo elucidaremos, podemos compreender que a propriocepção está sempre disfarçada em imagens – as do cenário e as da atividade em realização.

NO SONHO TUDO FUNCIONA AO CONTRÁRIO

Questão difícil, leitor, pois é oposta a quase tudo que pensamos. Durante o dia, quando agimos sob o comando dos olhos, é a imagem do cenário, do objeto ou da pessoa com a qual estamos nos relacionando que determina nossos movimentos (e a propriocepção passa despercebida). De noite, quando sonhamos, a ordem se inverte: se você se mover adormecido, seu sonho comporá uma imagem para justificar ou tornar plausíveis as sensações proprioceptivas. Quando seu corpo se vira durante o sonho, todo o cenário deste muda! Se seus olhos – você adormecido – começarem a oscilar de lá para cá, você pode estar assistindo a uma partida de tênis.

Você dirá: mas o que me move quando estou dormindo? Não é muito mais "natural" pensar que vejo imagens (sonho) e então o corpo se move em função delas?

Respondo: o que me move quando adormecido é a *termorregulação!*

Não, não estou fugindo da questão. O caso é o seguinte: nos laboratórios onde o sono e o sonho são estudados, demonstrou-se que todos nós sonhamos três a quatro vezes por noite, a cada uma hora e meia, aproximadamente. Cada período sem sonhos é menor que o precedente e cada período com sonhos é cada vez mais longo. Assim, o primeiro período de sonho dura de cinco a quinze minutos e o último pode durar uma hora.

Mais: a curva de temperatura de quem dorme vai caindo – com oscilações – ao longo da noite, pois o *relaxamento muscular do sono reduz consideravelmente a produção de calor.*

Sempre que a temperatura ameaça descer abaixo de certos limites, o corpo se arma e se agita – para produzir calor! (Os músculos perfazem quase metade de nosso peso e são os órgãos que mais produzem calor quando se contraem.) Todos sabem que sentimos – e já sentiram – arrepios e tremores quando há frio. Os tremores são contrações involuntárias destinadas apenas a gerar calor, a nos aquecer.

É nos períodos de agitação – cuja finalidade é produzir calor – que sonhamos. Mas a compensação não é suficiente e ao longo da noite vamos esfriando. É entre 4 e 6 da manhã que nosso corpo está em sua temperatura mais baixa.

Percebe? O corpo se arma e se agita a fim de nos aquecer, e os sonhos retratam essa agitação. Logo, nesse caso, o movimento vem primeiro e as imagens depois.

Por isso a "realidade do sonho" é de algum modo contrária à realidade da vigília. Nesta, cenário e personagens vêm primeiro e determinam a ação. Naquela, a ação vem antes e define a imagem.

Agora invertemos o refrão e chegamos à explicação da técnica de atenuar identificações: é preciso "desligar" os olhos dos movimentos.

O olhar é fundamental porque permite estabelecer continuamente a relação animal-ambiente (e tudo que ocorre neste) – essencial, dito de outro modo, para estabelecer a adaptação a cada momento.

O OLHAR

Mas na origem (nos primeiros anos de vida) são os músculos que ensinam os olhos sobre tudo que se refere a distâncias relativas, inclusive desníveis – e sombras! O filho de uma empregada que tivemos era, aos 9 meses, uma criança excepcionalmente ativa, mas, engatinhando, sempre caía ao passar por um degrau. A simples visão do degrau nada lhe dizia sobre o desnível! Também uma paciente minha, gravemente perturbada, via uma escada como uma sucessão – plana! – de faixas claras e escuras! O olhar percebe o espaço e a geometria, mas só os músculos e a propriocepção percebem a dinâmica. O espaço da visão é como a tela da TV ou do cinema: tudo está ali no *mesmo plano*. Só o ir-e-vir e o manipular podem nos ensinar distâncias e esforços.

Por que movimentos lentos para sentir sensações de posição e ação? Porque quando são rápidos, considerando sua complexidade, é impossível senti-los com clareza. Daí a sabedoria do tai chi, sua lentidão e seu cuidado em criar primeiro a base de apoio – o *grounding* – e depois o movimento da metade superior do corpo. Procura-se algo parecido na bioenergética.

Qualquer movimento feito lentamente permite que se sinta com clareza sua organização. Acreditamos não ser a hora de descrever exercícios, bastando um conselho a mais: comece com pequenas sequências – das mãos, por exemplo – e vá ampliando os movimentos pouco a pouco até fazer grandes e complexos movimentos do corpo todo.

O ÍNTIMO ESTÁ POR FORA

Se identificação quer dizer que faço – coloco-me e atuo – parecido com o outro, chegamos a essa afirmação surpreendente (o título!).

Surpreendente devido a preconceitos, note-se. É a velha questão de "quem vê cara não vê coração". Essa afirmação há muito está incorporada às falas coletivas. Por isso, ao ler que o *íntimo é visível*, que o famoso e misterioso inconsciente pode ser filmado, as pessoas se surpreendem. Mas quem me acompanhou até agora não sentirá muito espanto com essa afirmação.

Minhas identificações são *visíveis* para o outro – e só para ele, ou eles. Lembre: eu não me vejo. O outro vê o que eu só posso perceber em mim vendo-me no espelho, gravado ou filmado. Quem está me olhando percebe os momentos em que me pareço com meu pai, minha mãe, meu herói, meu bandido... Também pode perceber várias vozes em mim e, de novo, mesmo que eu tenha consciência dos tons emocionais de minhas vozes interiores (são várias), eles soam diferentes quando ouvidos de fora.

Você já ouviu sua voz num gravador?

Nosso solilóquio – nosso "falar sozinho" – mostra-se, muitas vezes, um multilóquio: é uma conversa de muita gente em mim, falas de vários personagens, cada qual uma identificação. O outro entende minhas palavras (às vezes!), mas também ouve minha voz, mesmo sem se dar conta disso.

A TV salienta a expressão visual, a face, os gestos e os tons emocionais de voz nas novelas, nas quais predominam os planos fechados – os *closes*. Ensina as pessoas a ver, se elas não ficarem presas demais às palavras.

Cada vez se fala mais em transparência, e as boas maneiras ditadas pela etiqueta estão em declínio. Há um vago mas persistente esforço na direção de maior sinceridade. Os mitos de respeitabilidade e seriedade (as duas máscaras mais típicas do normopata) estão perdendo força no palco social, mesmo sobrevivendo em alguns retardatários...

"NÃO INVADA A MINHA INTIMIDADE"

Essa frase moderna ainda pode ser bandeira de guerra para alguns... Pergunto: *se falo do que o outro está mostrando*, ainda cabe se referir à intimidade como se esta fosse um lugar ou uma atividade escondida, como se meu íntimo fosse um lugar fechado?

Será que as pessoas não mostram o que sentem?

Será que posso verdadeiramente disfarçar minhas emoções diante de um observador atento?

Será que minhas identificações estão num inconsciente obscuro?

Tudo isso é uma coisa só.

EMPATIA

Quanto a empatia depende do olhar? Se você quiser criar empatia com alguém, comece a imitá-lo.

Imitar o outro é a melhor maneira de compreendê-lo, de se pôr na sua pele, de representar seu papel, de sentir como ele está se sentindo, como afirmam psicodramatistas e neurolinguistas.

Como disse Buda, o mais alto sentimento humano é a compaixão – sentir o que o outro sente. *Cum* ou *patere*: sentir junto ou sentir o mesmo. Simpatia é sinônimo – em grego (!), "sim" e "patos" – de sentir junto...

Com o correr do tempo os conceitos dão estranhas voltas. Identificação, para a psicanálise, é um dos mecanismos neuróticos fundamentais! Agora chegamos a ele como alta virtude!

Mas é compreensível, e a diferença está sempre na consciência: na identificação, não sei – não percebo – que estou imitando. Sou vítima dela. Na compaixão, percebo – e permito e desejo – que ela aconteça.

Mas talvez não possamos compreender – imitar – qualquer pessoa. Se houver alguma dificuldade em imitar, em me identificar com ela, é pouco provável que consiga compreendê-la, naquela hora pelo menos, naquela circunstância.

Ao filmar duas pessoas em diálogo, registra-se que cada mudança na posição de uma é feita pela outra poucos instantes depois. Vendo a gravação em câmera rápida, esse fato chega a ser cômico.

Quando duas pessoas estão se entendendo bem, elas se imitam sem perceber. Quando não estão se entendendo, os gestos lembram briga, choque, oposição. É como dançar com alguém sem acertar o passo. Basta ver o filme, mesmo sem som, e percebe-se: uma pessoa não estava concordando com nada que a outra dizia.

Mais um exemplo de cegueira científica: num livro sobre "atitudes humanas" (visto há muitos anos), feito por vários sociólogos, havia esquemas, questionários, estudos de campo e análise de conversas, mas não havia uma palavra para dizer que...

... as atitudes são visíveis e assim exercem influência sobre os demais e se propagam, se combinam ou se opõem.

Nem o próprio Reich disse isso, não obstante sua atenção ao que o paciente mostrava nos gestos – e apesar de ser tão interessado em questões sociais. Omitiu o assunto, talvez devido ao vício do treinamento psicanalítico, segundo o qual o paciente tem seus problemas mas o terapeuta nada tem que ver com eles... Como ele foi analisado, não projeta mais, nem se identifica, nem nega... Mesmo depois de estudada e oficializada a contratransferência, continuou-se a acreditar que os problemas do terapeuta não se relacionam com os do paciente – ou seja, terapeuta não tem expressão, não tem cara, não faz gestos e nem sequer tem posição.

Com essa situação mutilada, torna-se difícil compreender as influências interpessoais e, no limite, a própria estrutura social, feita em sua maior parte por essa dança que ocorre entre todos.

COMUNICAÇÃO NÃO-VERBAL

A comunicação não-verbal – melhor seria dizer gestual ou corporal – dispõe hoje de documentação direta e extensa. Sociólogos, antropólogos e alguns psicólogos têm filmado o comportamento humano nas circunstâncias mais variadas, em condições controladas de registro e análise: entrevistas psicoterápicas, grupos de terapia, jantar de família, amigos reunidos e muito mais. São milhares de horas de filmagem de personagens humanos, em regra com uma câmera para cada participante e todas girando lentamente! No entanto, a psicologia acadêmica e/ou oficial ainda está muito presa a *o que* se disse, não a *como* foi dito, com que cara, que gesto, que movimento de corpo. O visual é omitido, negado, ignorado. No entanto, sabemos: na conversa usual, o olhar, o tom da voz e o jeito são muito importantes para dar o *próprio sentido* das palavras que estão sendo ditas. Se mudarmos a face, o tom de voz ou o gesto, a mesma frase terá significado bem diverso. Dito de outro modo: se pedirmos a várias pessoas que digam a mesma frase, sabemos, todas dirão as *mesmas palavras*, mas cada uma *a seu modo*, e esse modo é único, inconfundível. Pense bem nisso, leitor.

Basta essa declaração para provar de maneira categórica tudo que estamos dizendo sobre o olhar, de um lado, e a comunicação não--verbal, de outro.

Ignorar essa evidência – elementar – é um erro grave de metodologia científica, tornando incompletas todas as teorias de psicologia e muitas das de sociologia – todas as que ainda acreditam que o íntimo é invisível.

Um dos enigmas de "em geral" é este: há sempre dois sentidos, um no dicionário (presumivelmente comum a todos e sempre "o mesmo") e outro no contexto (a pessoa que fala, o assunto, a disponibilidade de quem ouve e o momento de quem fala, entre outros aspectos). A mesma palavra tem um sentido geral e um particular, um sentido "certo" (o do dicionário) e outro... imprevisível (!). Levadas a sério, essas declarações nos obrigam a rever pela raiz o que quer dizer "significado" de uma palavra.

O que dá o sentido válido da palavra – aqui e agora! – é o contexto e o acompanhamento gestual de quem fala, variável a cada momento.

Os muitos significados de sorrisos, olhares, maneiras de sentar e gesticular têm tantos motivos quanto nossas falas intencionais, ou explícitas. Digamos que durante uma conversa você comece a sentir-se mal, sem saber localizar a fonte dessa indisposição. Pode acontecer – entre outras coisas – de seu interlocutor fazer uma expressão de enjoo com a boca. Você, muito atento ao verbal e pouco ao não-verbal, não percebe o efeito de tal expressão sobre si mesmo. Digamos que depois de ler meu livro você consiga localizar a origem do mal-estar e diga à pessoa: "Sabe que você tem uma expressão de enjoo no rosto?"

O que pode acontecer? Primeiro, a pessoa se sentirá indignada, como se você tivesse revelado publicamente um segredo (revelado o que *todos podem ver*, menos a pessoa). Segundo, poderá ser o fim de um relacionamento ou de um encontro!

Outro exemplo: você está falando com uma pessoa e diz: "Escuta, eu sou culpado de quê?" A pessoa se espanta e você continua: "Você está me olhando com um olhar de policial desconfiado, como se eu tivesse cometido um crime!"

Há pessoas que têm um sorriso crônico de pouco caso e durante um encontro você poderia dizer: "Esse sorriso de pouco caso é comigo? A toda hora você esboça um sorriso diante do qual me sinto deste tamanhinho, me sinto um bobo..."

Há mais histórias semelhantes que todos conhecem. Até uma criança, se você a imitar – ou se um colega a imitar –, ficará indignada.

Imitar é parecido com descrever, é claro. É o famoso e popular "arremedar", modo fácil e infalível de aborrecer quem você queira aborrecer – ou esclarecer. Tanto que os palhaços o usam sempre que podem.

Os psicodramatistas há muito descobriram que uma das maneiras mais eficazes de fazer alguém "tomar consciência" de certos comportamentos é imitando-os, a chamada "técnica do espelho". Notem, de novo, que isso é eficaz mas muito forte, podendo despertar reações desagradáveis na pessoa imitada.

As técnicas básicas da análise do caráter – segundo Reich – consistem primeiro em descrever, depois em assinalar sempre que a expressão aparece e por fim em imitar, se você tem algum jeito para isso. Qualquer um desses processos desperta resistência, negação: "Não é tanto assim", "Nem sempre é assim", "Não sei do que o senhor está falando", "Não percebo", "Não concordo", "Não é assim"...

É muito importante reconhecer este fato: quase sempre que você descreve a expressão de alguém, a tendência imediata da pessoa é negar o fato e, no mesmo ato, mostrar-se ofendida.

De novo, o próprio Reich entrou por ínvios caminhos para compreender essas resistências e não se ateve ao mais simples e ao mais evidente: quando descrevo ou imito um modo ou uma expressão de alguém, estou mostrando a ele uma de suas identificações, ou seja, uma de suas "defesas" – inclusive porque só é possível imitar modos repetitivos, automáticos.

Ao descrever uma pessoa, estou lhe dizendo que conheço um "segredo" seu, uma emoção ou intenção que ela acredita estar bem escondida ou disfarçada. Estou despindo-a... em público!

Outra vez, leitor, estou falando do evidente, mas de uma evidência bem antipática, literalmente uma denúncia antissocial (!). Estou mostrando que somos todos transparentes – sem querer, sem saber, contra a nossa vontade e contra a vontade de todos...

MICRODICAS

Os estudiosos da comunicação não-verbal registraram expressões muito rápidas – décimos de segundo – chamadas microexpressões. Prefiro chamá-las de microdicas.

Com elas, podemos discernir a comunicação verbal macroscópica ("gestos" e "faces", no sentido usual) e a comunicação não-verbal microscópica (feita por meio de movimentos minúsculos, as microdicas). Lembre-se, leitor, de nossa descrição dos macaquinhos situados sobre o mesmo galho e de quantas caretas eles conseguem fazer a cada instante. Nós também conseguimos fazer como eles – e isso constitui as microdicas.

Alguns estudiosos observaram que seus alunos, após duas a três horas assistindo microexpressões num vídeo em câmera lenta e em imagens congeladas, começavam a percebê-las com facilidade, por conta própria, logo depois. Isso prova não se tratar de um aprendizado em sentido próprio – duas a três horas não bastam para um aprendizado tão complexo e variado.

Não se tratava de *ensinar a ver*, e sim de *autorizar a ver*, por isso acontecia depressa. "Autoridades" – especialistas, semelhantes portanto às "autoridades" da infância, que proibiram o ato de ver – agora *mostram e insistem na presença* do que antes era proibido dizer. Proibido *dizer*, pois *ver* vemos sempre, com ou sem atenção, sabendo ou não o que estamos vendo.

Essa declaração é fundamental para meu livro e prefiro repeti-la a esquecê-la. Em nosso mundo, é *proibido criticar* as autoridades, inicialmente as familiares, depois as escolares, religiosas e patronais.

"Proibido criticar" significa "não diga *o que você está vendo* nelas" – e que os outros também veem.

Essa exigência vem de muito longe. O primeiro imperador da China, em 1250 a.C., já havia decretado: "É crime criticar Sua Majestade".

Este tem sido um dos segredos dos poderosos: são todos perfeitos, então ai de você se os criticar.

"Xingar a mãe" – expressão popular tão frequente – é o proto-modelo da crítica à autoridade. Sabemos da péssima reação das pessoas a esses xingamentos e a outros similares.

O OLHAR

Fazer de conta que você não está vendo é uma exigência social

Logo, a não-percepção consciente de expressões gestuais ou faciais não é simples falta de atenção ou ignorância. É uma exigência social sutil e persistente – na verdade, pode ser considerada uma exigência do inconsciente coletivo. Quase digo: é uma exigência estrutural da sociedade – um imperativo CATEGÓRICO!

Sem ela o que aconteceria? Você pode imaginar? Leia o que se diz hoje dos governos (das "autoridades"). Hoje isso pode ser dito, em relação ao governo. Mas não faça o mesmo com sua mulher, seu pai, seu patrão...

Hoje, ainda, vêm se tornando comuns as biografias "sujas", em oposição às idealizadas. Nelas são descritos costumes nada simpáticos da vida de grandes personagens, de Marx a Freud, de John Kennedy (e seu pai) a Einstein. Como tantos outros, hesito na avaliação dessas revelações. Por um lado são ótimas ao mostrar que mesmo grandes homens têm aspectos bem pequenos – ou escusos. Por outro, como foram personagens importantes ao longo da minha vida, sinto uma ligeira apreensão ao ler esses livros. Sempre dói um pouco despir um santo...

Fórmula desenvolvida do preconceito da cegueira: *comporte-se como se, diante de qualquer autoridade, você fosse cego.*

Em seguida, o preconceito continua: comporte-se como se tudo que dizem que existe existisse mesmo e como se aquilo de que ninguém fala não existisse.

Exemplos: diga sempre que mãe é perfeita, família é maravilhosa, criança não sabe nada, pai sempre sabe o que faz, chefes são justos, antepassados eram sábios, economistas conseguem controlar a economia, pessoas são honestas, políticos resolvem impasses e conflitos coletivos...

Jamais diga o que é evidente: que o lar é um lugar perigosíssimo (onde ocorre o maior número de agressões e assédios sexuais a menores), que as mães são o maior partido conservador do mundo, que os pais são autoritários (não raro ignorantes), que a infância é a "classe social" mais oprimida de todas, que as autoridades invariavelmente abusam do poder, que todos estão, em princípio, dispostos a se aproveitar de qualquer situação...

Esta é a tese central deste livro:

A REPRESSÃO COMEÇA PELOS OLHOS, PELA PROIBIÇÃO IMPLÍCITA DE DIZER O QUE ESTOU VENDO NO OUTRO E SEM PERCEBER MINHA ATITUDE NEM MINHAS EXPRESSÕES.

Fala-se demais na "voz da consciência" e nada se diz – nunca! – a respeito do "olhar da consciência", muito mais abrangente e veloz em sua atuação que o controle do "pensamento" (das palavras) ou mesmo da imaginação.

AS MICRODICAS INFLUENCIAM O INTERLOCUTOR?

Mesmo não sendo percebidas clara ou conscientemente, as microdicas influenciam – ou não – o interlocutor?

Aqui temos um grave problema. Está em formação a ciência das expressões não-verbais como elementos da comunicação. Seu epígono é Ray Birdwhistell. Lendo aqui e ali páginas de seu *Kinesics and context*, deparo com uma afirmação inusitada, contrária a quase metade do que se aprende em psicoterapia. Diz ele que *estamos sempre aqui e agora*, conforme se pode verificar em gravações!

Como combinar essa afirmação com as dos estudiosos da psicoterapia e dos filósofos existencialistas, quase todos afirmando que vivemos longe ou fora do aqui e agora?

Respondo, como diria são Tomás: meu animal (meu inconsciente) está sempre aqui e agora, não pode estar em nenhum outro lugar – ou tempo. Nenhum animal vive fora do momento. Quem está cronicamente fora do momento e do contexto é a consciência – o pensamento –, as falas eternas fora ou dentro de mim. Ou as falas, simplesmente. Falando comigo, estou longe – ou fora – do momento e, se continuo falando comigo, mal me dou conta do outro ou dos outros, mesmo quando aparentemente estou falando com eles.

AS MICRODICAS E A FOFOCA

As microdicas talvez nos permitam compreender a magia dos "segredos" revelados na fofoca. De onde nasce a fofoca, basicamente? Num primeiro momento poderia ser do que mostro sem saber que estou mostrando – e tenho a convicção de não estar mostrando.

Consideremos um bate-papo de meia hora entre três pessoas. Quando uma sai, a outra diz para a terceira: "Você viu como ela é invejosa?" No entanto, nada foi dito sobre a inveja. Só se via a cara de inveja da moça enquanto falava. No dia seguinte, a terceira encontra a primeira: "Aquela é uma exibida, você não acha?" De onde ela pode ter tirado esse julgamento senão dos modos da pessoa?

Aqui também entra a condenação pública, semelhante à acadêmica. Ouvimos tantas vezes "não se deve julgar as pessoas", "as aparências enganam".

De modo ao mesmo tempo mais insistente e "autorizado", diz-se em psicoterapia que se ater a expressões e denominá-las é um processo difícil, demasiadamente sujeito a projeções – a você ver no outro coisas suas.

Claro que isso é possível, mas não sei se pode ser evitado. Tampouco sei se no plano das declarações verbais não ocorre o mesmo.

Um dos problemas mais difíceis da psicoterapia é "o que dizer" aqui e agora. Comento o que com o paciente? *Ele traz sempre muitos dados* – relatos, caras, gestos, recordações, sonhos – *e é preciso esco-*

lher entre eles. Pergunto se essa escolha não está sujeita (por parte do terapeuta) a projeções tanto quanto as expressões faciais.

Mesmo que eu não atente e *aparentemente* não responda ao não--verbal do paciente, estou exposto a ele. Nos cursos de formação não são estudados os modos do terapeuta, mesmo quando se examina e se tenta compreender sua vida – mas em segredo! (Análise didática.) Uma coisa é a análise de recordações, impulsos ou desejos verbalizados, outra é a ligação dada e inevitável eu-e-o-outro-aqui-e-agora, de palavras, sim, mas também de face, corpo e voz presente!

O CIENTISTA – A CIÊNCIA – NÃO TEM PRECONCEITOS?

A fim de analisar a existência e a força do preconceito da cegueira – digamos assim –, convém lembrar uma das regras de ferro da comunidade científica: o cientista está peremptoriamente proibido de estar presente na atividade científica. Ela deve ser total e radicalmente "objetiva".

Traduzindo nem tão maldosamente: o cientista deve ser um objeto – talvez uma câmera de vídeo acoplada a um microfone –, não uma pessoa.

Como faço para me livrar de mim como psicoterapeuta e/ou cientista? Como faço para ser inteiramente objetivo, sem fazer de mim um objeto?

Isso ninguém diz. O fato não é lembrado e nem sequer percebido ou discutido, note-se. Em plena área científica, uma área de experiência contínua e crítica implacável, da dúvida como princípio, encontramos bem no centro do reino da "verdade" esse desejo – ridículo! – da objetividade "pura". "No espaço da física não existe observador", disse Bertrand Russell.

Gostaria que o leitor apreciasse a profundidade e a força da cegueira socialmente induzida. "É mais cego o que não quer ver do que o cego de verdade", já dizia Jesus Cristo – faz tempo...

Agora, com a física quântica, chegando ao fato por caminhos tortuosos e supercomplexos, começa a se tornar obrigatório aceitar que *o cientista faz parte da experiência*, o que a meu ver era mais do que evidente desde sempre!

Não sei se se trata da exclusão do cientista, do terapeuta ou da *individualidade* seja lá de quem for – e de quando for! Exclusão tanto do sujeito quanto da qualidade igualmente única do momento.

Paradoxo: toda pesquisa científica é feita por alguém determinado, em um momento determinado, em circunstâncias determinadas, mas nada desse conjunto complexo é levado em conta quando o trabalho é publicado.

Até parece a análise econômica que ignora todo o trabalho feminino do mundo, todos os custos sociais e ambientais de uma macrotransação – e ainda assim se acredita que ela retrata "objetivamente" a realidade social!

OLHAR E INTENÇÃO

Nossos movimentos oculares normais – sempre que não dirigidos intencionalmente – consistem em uma "sacada" veloz, movimento rápido e curto da direção do olhar, seguida de uma pausa de duração variada, conforme o ponto visado prenda ou não a atenção.

Como se formou esse padrão básico?

Quase todos os animais têm de dividir o olhar entre:

- *visão próxima*: relativa à comida, que está ali, precisa ser alcançada e chegar à boca; portanto, cada vez mais perto ou de perto para perto;

- *visão circundante*: relativa a defesa, vigilância, detecção de perigo ou de alimento.

Quanto de mais longe for percebida a ameaça, maiores as possibilidades de sucesso na defesa. Primeira determinação necessária que se fez automática: perto e longe. Ela amplia ou reforça o jogo entre visão central e periférica. Note-se a profunda determinação biológica do funcionamento ocular – o quanto ele foi modelado pelo "encontro". As aspas vão por conta disso, pois o encontro de que estou falando (entre animais) não parece ter muito que ver com o encontro de que se vem falando muito em psicoterapia e no cotidiano (encontro de pessoas).

Em regra, esses movimentos oculares tendem a se fazer *antes* dos movimentos intencionais, mesmo que o preconceito nos diga que olhamos *sempre* para onde "queremos" (o erro está no sempre). Eles fazem parte da busca e da presença – do alerta – dos animais, alerta que nosso convívio social, com suas falsas "seguranças", obliterou demais nas pessoas. Só os seres humanos podem se dar ao luxo – ou à doença – de *viver distraídos*, a maior parte do tempo longe do aqui e agora. Também: de viver a maior parte do tempo "inconscientes", automaticamente. "Nem sei o que eu estava pensando" (ou "fazendo"), "Foi sem querer", "Eu nem percebi", "Foi uma surpresa"!

O OLHAR NOS LEVA MUITO MAIS DO QUE NÓS O LEVAMOS

Marque bem esse fato, leitor. Ele é fundamental para compreender como atuam o desejo, a vontade, o impulso, a repressão. O que se diz dessas coisas, de sua habitual inconsciência, é *perceptível à observação direta*. É só estar atento e tudo se revela – como dizem os iluminados.

Aliás, por que tantos cartazes de propaganda à nossa volta, em todas as paredes, em todas as páginas das revistas, em todos os programas de TV? Não será por isso mesmo, porque nossos olhos são inquietos – espertos! – e estão continuamente buscando – ou receando? A sacada/pausa em todas as direções deriva da adaptação dos símios à vida arborícola. A floresta se coloca como rede espacial cheia de pontos interessantes (frutos, folhas, insetos) ou necessários (para se pendurar, galhos, galhos, galhos...). Fruta-galho-pulo-fruta-galho... A curiosidade e os membros dianteiros – liberados de sua função na locomoção – permitiram que "as mãos" trouxessem para perto da face qualquer coisa que pudesse ser "interessante", começo da "observação" científica. O animal pode olhar um objeto de muitos ângulos quando ele está em suas mãos – sempre no padrão sacada/pausa –, enquanto as mãos... manipulam o objeto.

OS OLHOS E AS PALAVRAS

Existe uma relação dialética entre a palavra e o não-verbal: são incomensuráveis e mutuamente influentes. A ideia comum do intelectual é que o mundo verbal é... real – e só ele (platonismo inconsciente...). Explicada a razão, tudo feito! No entanto, as palavras são, tantas vezes, apenas pretexto – ou começo. O que muda o mundo são as decisões e ações individuais, e não os discursos lógicos, genéricos, abstratos...

Quanto menor a dissociação entre fala e expressão não-verbal, mais integrada a pessoa ao aqui e agora, mais inteira. Mais forte, ao mesmo tempo, é sua presença. Daí que toda conversa capaz de diminuir a distância entre o verbal e o não-verbal é terapêutica.

São no mínimo três os níveis de compreensão – ou desentendimento! – entre duas pessoas. O primeiro é o verbal: um fala e o outro escuta, e vice-versa. O segundo é o da comunicação não-verbal genérica: gestos, posição, faces, olhares. O terceiro nível é o das microdicas, o mais inconsciente por ser o mais rápido e, em regra, o menor em amplitude, o mais difícil de perceber.

Quando duas pessoas estão falando, existem na verdade seis interações possíveis – no mínimo!

Os esquimós – segundo se diz – ficam ao lado de um estranho por três dias antes de abrir a boca, convivendo, olhando, sentindo, e só depois começam a falar. Seria um excelente costume para iniciar qualquer relacionamento, inclusive uma psicoterapia!

Ao contrário, a atenção de muitos psicoterapeutas – e das pessoas em geral – está 95% nas palavras e 5% nos olhos.

Explicações são fáceis de achar, pois qualquer situação, objeto ou pessoa pode exibir mil aspectos e, se nos ativermos às palavras, poderemos fazer mil afirmações verdadeiras nem sempre oportunas, nem sempre as mais importantes no momento.

Por exemplo: quando relatamos uma frase da sessão clínica na supervisão, ela perde muito do seu sentido aqui e agora se não for relacionada com o contexto, o jeito da pessoa ao pronunciá-la – e o jeito do terapeuta ao ouvi-la! Depois de escrita, a frase pode prestar--se a mil interpretações, mas no momento só uma delas era efetiva, acertada. Chega-se até a acreditar que o relacionamento entre duas pessoas só começa *depois* das primeiras palavras entre elas... só depois de "terem sido apresentadas" como exigia a etiqueta clássica!

FREUD E OS OLHOS

A maioria das escolas de psicologia não considera explicitamente o olhar. No entanto, em quase tudo que se diz ele está presente.

É fundamental sublinhar a importância desse problema, tanto a ausência do olhar – do que se vê – nos relatos clínicos quanto as consequências teóricas e técnicas dessa ausência.

Nossa tendência é não ver aquilo de que não gostamos, que nos comprometa, perturbe ou denuncie – ou o que os outros acham que não deve ser visto (falado). Tampouco percebo, aceito ou reconheço como minhas as caras, os gestos e os tons de voz. Esses são meus modos de reprimir, de conter meus impulsos, desejos e temores. Eu "me seguro" – me tensiono – como se estivesse segurando outra pessoa, aquela que quer fazer coisas proibidas...

Quero fazer uma denúncia séria contra a psicanálise, em parte porque ela está virando padrão universal em psicologia, em parte porque só ela é profunda e verdadeira – segundo ela mesma e segundo tantos de seus seguidores. A psicanálise, por definição, é um trabalho feito com base na transferência (o que o cliente "sente" – na verdade, "exprime") e na contratransferência (o que o terapeuta sente – ou exprime) no encontro clínico; até aí tudo bem.

No entanto, a negação da presença do terapeuta dá início a um jogo básico de poder: *você* é o neurótico, enquanto *eu* sou o terapeuta. Você projeta, você se identifica, você reprime, você disfarça, você cava a própria desgraça. O que eu (o terapeuta) sinto vou contar ao meu analista. Para ele *eu* sou o neurótico e *ele* é "o bom", e daí para cima até Freud, que é "O Bom" absoluto – porque não fez análise...

Ética autoritária – a mais evidente, injusta, comum e irreal. O "de baixo" é sempre o errado e precisa ser ensinado, ou castigado...

O que isso tem que ver com o olhar?

Vejamos.

Mestre Freud chegou ao limite quando definiu a "situação analítica" na forma do paciente deitado no divã, com o corpo perpendicular em relação à visão do terapeuta, por sua vez sentado em sua poltrona. Primeiro, é impossível saber qual é a expressão do rosto de uma pessoa que estou vendo "de cabeça para baixo". Imagine a cena com clareza e você entenderá o que quer dizer "de cabeça para baixo". As explicações para essa distância do olhar são muitas: a pessoa precisa relaxar, soltar os pensamentos para diminuir a resistência (logo, muito da resistência está em tensões musculares...). O olhar é muito controlador. O paciente frente a frente com o terapeuta pode

J. A. GAIARSA

ser muito incômodo – para ambos! Se ele está deitado e longe dos olhos do outro, a fantasia pode ser favorecida.

No entanto, essas não foram as razões principais pelas quais Freud chegou à situação analítica do divã. Três amigos seus – Jones, Reich e Jung – relataram que ele fez essa opção por sentir-se embaraçado ao ficar face a face com os pacientes, várias horas por dia, *observando e sendo observado.*

Freud era autoritário, e tinha de ser: todo revolucionário acaba endurecendo na posição devido aos muitos que se opõem a ele. Por isso, como o imperador da China, ele não gostava de ser contestado. Se estivesse frente a frente com seu cliente, estaria sob observação direta, podendo ser denunciado (tanto quanto podia denunciar). A isso se soma sua timidez – ele mesmo se declarou um tímido. Sentia-se intimidado na relação visual persistente, por isso cortou a comunicação visual.

Enfim, havia um motivo... racional: é difícil para qualquer um ficar muitas horas por dia atento a outras pessoas, em geral ansiosas, deprimidas, dependentes e mais. Dito de outro modo, é justo que o terapeuta se proteja – mas não era necessário nenhum subterfúgio para isso.

Foi uma pena: ele era um excelente observador, como se nota em suas cartas, quando descreve alguém. De outra parte, sorte de Reich (e minha...), cujas teorias e técnicas se referem – de todo – às expressões gestuais.

Vingança do destino: segundo o próprio Freud, seu melhor achado foi o complexo de Édipo. Segundo seus continuadores, isso continua verdade até hoje: Édipo é o centro da personalidade. Édipo é a história de todos nós, é o que acontece na relação com nosso pai e nossa mãe. Édipo é família – raiz da sociedade.

Heróis e deuses gregos incestuosos são quase a regra. Muitos deuses, heróis e até humanos transam com muitas deusas e humanas – o Olimpo é uma suruba cósmica! Freud era bastante culto e tinha um vasto campo de escolha entre as histórias mitológicas.

Para caracterizar o incesto escolheu Édipo. Por quê?

O OLHAR

O castigo de Édipo – lembra-se, leitor? Édipo arrancou os próprios olhos por não ter reconhecido sua mãe na cama... Foi exatamente o que Freud fez nas relações com o paciente. Tirou-o da frente dos olhos. Não quis ver, preferiu ouvir. Foi um dos grandes teóricos a oficializar ou sacramentar a exclusão da comunicação visual. Freud sofreu em cheio o preconceito coletivo: *em nosso mundo não convém dizer o que estamos vendo no outro (ele pode fazer o mesmo)*.

Somos treinados desde muito cedo a omitir o que vemos. O modelo mais simples e direto desse treinamento é a relação com a mãe: crianças não podem falar a sério que sua mãe é irritadiça, invejosa, despeitada, azeda, angustiada, insegura etc. No entanto, como mãe é tão gente como qualquer outra pessoa, e como criança dá muito mais trabalho do que é dito, mães com certeza têm momentos assim.

Essa negação ou proibição é o dado fundamental para mim, explicando quase tudo que se refere ao papel do olhar nos relacionamentos. Ainda muito pequenos somos divididos por esse conflito, que não figura em texto ou autor nenhum.

Desde o nascimento a criança aprende que, ao se rebelar ou criticar mãe e pai, está atacando preconceitos gigantescos. Mãe e pai estão sempre certos, amam incondicionalmente os filhos e desempenham maravilhosamente seu papel de educadores. Essa é a voz do povo!

Entre os 4 e 5 anos de idade alcançamos o ponto mais alto desse conflito: é o período no qual a criança passa do visual para o verbal, da *evidência visual* do que está acontecendo para o universo do que *se diz* estar acontecendo – ou existindo. E a criança vê muito melhor que o adulto, dado que o preconceito se apossa pouco a pouco da pessoa, e só pouco a pouco a criança tem sua visão limitada por ele.

Para uma criança pequena, de 2 a 3 anos, uma prostituta, um maconheiro e um velho não representam nada de extraordinário. São gente – sem mais. Eles são o que ela vê. O adulto, no entanto, tende a ver somente em *função do julgamento coletivo* (preconceitos!).

A passagem do visual para o verbal é gradativa, claro. À medida que vão se tornando mais verbais, todas as crianças do mundo passam a sofrer do seguinte conflito: *acredito no que vejo ou no que me dizem?*

Se acreditar no que vê, a criança será obrigada a constatar que os adultos dizem um monte de lorotas e não conhecem tanto a vida como gostam de aparentar (com a confirmação do coro social). Se acreditar no que dizem, ficará muito confusa e perplexa, pois o que vê é bem diferente do que os adultos dizem...

Esse é o começo da repressão visual e da perda do caminho, porque *ninguém vai achar o próprio caminho falando!* Se alguém *me diz* qual é o caminho – o que "é certo" –, como as palavras são ambíguas e as discussões sobre o que é certo e/ou errado são inúmeras, posso facilmente... errar o caminho! Minha segunda escolha, nesse caso, é aderir a um grupo e não discutir demais suas convicções.

Caminho é estrada – real ou alegórica –, é picada ou atalho, e só *vendo* você não se perde. Mais do que isso: caminho é o que vou fazendo a cada passo, à custa de escolhas sucessivas e intermináveis.

Cegar você é o mais fundamental dos dispositivos que uma sociedade autoritária desenvolve para você nunca mais achar o seu caminho.

É condição necessária para que você acredite que "ele" – e só ele, o chefe, o rei, o sacerdote – pode salvá-lo.

Só assim você consegue fazer de conta que acredita no poderoso, cuja imagem mais divina é o Pai do Céu.

Estranho! O pai terrestre em regra é precário, não raro abusivo, inconsciente, tomado pela aprovação coletiva dada a qualquer determinação que tome: pai sempre sabe o que faz. No entanto, esse pai ambíguo, pouco simpático e distante foi tomado como *modelo de bondade e amor...* Sob a proteção e os mandados desse pai incompreensivelmente idealizado, muitos conseguem sentir que vivemos em plena segurança seguindo nosso maravilhoso caminho em direção à Ordem e ao Progresso Cósmico.

Depois começamos a adorar o iluminado. Quem é o iluminado?

ILUMINADO É AQUELE QUE VÊ

É aquele que reconquistou – ou não perdeu – a fé no olhar e "vê tudo que há para se ver", como diz Teilhard de Chardin. Ele pouco se deixa levar pelo que todos dizem, pelo que todos acreditam ser a verdade. Curiosamente, o iluminado é o primo-irmão do animal e da criança – até do marginal... Da criança no sentido de descrer da palavra e acreditar na visão. Por que do animal? Não existe animal distraído, os distraídos foram comidos. Os animais estão sempre presentes aqui e agora.

Todos os iluminados disseram: "Se você não se fizer criança novamente, não entrará no reino de amor".

Disseram também: a maior parte das pessoas – os "normais" – é sonâmbula.

O iluminado, além disso, é aquele que sempre surpreende porque nunca faz o que se espera, o que "é certo", o que deveria fazer.

Que mais nos disseram eles? Deixe de falar/pensar e comece a sentir (e a ver, digo eu). Esse conselho vem se tornando o centro das psicoterapias alternativas.

SÓ SERES HUMANOS PODEM NÃO ESTAR AQUI E AGORA

Na savana, as surpresas tendem a ser fatais, daí que nenhum animal viva na imaginação ou na preocupação – no passado ou no futuro. Basta que se distraia uns poucos segundos e ei-lo transformado em almoço ou obrigado a fazer jejum.

O famoso iluminado é o homem que reconquistou o alerta do bicho: está presente o tempo inteiro. Basta ver um gato, um cachorro, uma galinha, um passarinho – estão sempre aí! Basta fazer um ruído ou um gesto e eles desaparecem.

FUGIR É COVARDIA

Mais artifícios da "sabedoria social": é digno de admiração, elogios e até medalhas aquele que tem a "coragem" de permanecer numa situação quando sua vontade é fugir, quando fugir – afastar-se – seria a melhor coisa a fazer. Alunos do primário durante uma aula sobre sistema métrico, por exemplo, soldado raso diante da convocação para uma guerra, marido – ou esposa – que continua ali apesar de tudo...

Ora, *a resposta mais frequente dos animais é a fuga.* Entre os humanos se convencionou acreditar – e se cobra! – que fugir é ser "covarde", que é preciso "honrar" as promessas de eternidade (no casamento ou, até há pouco, no emprego), que se você estiver se desentendendo com alguém "deve" procurar descobrir o que – *em você* – está atrapalhando esse relacionamento.

Quais e quantos defendem o "direito de fugir" quando o aqui e agora está sendo péssimo?

Uma das consequências do "ficar" a qualquer preço são as moléstias psicossomáticas.

Mesmo em psicoterapia se ouve – demais – a expressão "você está fugindo" ou seu complemento, "você precisa enfrentar" tal ou qual situação ou emoção.

A escolha entre enfrentar e fugir é um dos segredos da sabedoria de vida.

Considerando-se o trabalho ou a família comuns, logo se vê que as pessoas não "ficariam" se fosse coletivamente aceita a possibilidade de "fuga", como aliás está acontecendo. Mas as prisões virtuais dos preconceitos, mesmo que invisíveis, prendem mais e melhor do que as prisões de segurança máxima.

"Fique aí, aguente, eu também não estou aguentando?" Quanto desse pensamento/sentimento atua nos pais maduros quando um filho começa a falar em separação?

Retorna o refrão: todos vigiam todos... para que ninguém fuja da cadeia. Seria falta de solidariedade...

O OLHAR DO BIG BROTHER

E o olhar, o que tem que ver com isso? O controle coletivo se faz primariamente à custa de olhares: de desprezo, horror, repugnância, condenação. Os olhares são os primeiros guardiões da moralidade coletiva, os mais imediatos e – estranhamente – os mais ignorados. As pessoas pensam mil coisas, principalmente em torno da noção de "culpa" – portanto, do certo e do errado. Acreditam que são esses pensamentos – julgamentos preconceituosos – que mantêm a ordem estabelecida. Mas o que mantém a desordem estabelecida não são as palavras, mas as atitudes dos outros. Como sempre, o olhar é muito mais rápido – e fácil de ser negado! – do que as frases.

As artes marciais – elas também – pretendem reavivar em nós esse animal inteiro (meditações dinâmicas).

Dizem tantos: "Eu sei o que é bom para mim, sei que não estou contente com a vida que levo, mas não tenho coragem para arriscar – para sair. Então aguento. Afinal, isso não é o normal?"

"Aguente" é a mais comum de todas as lições morais para o casamento, a profissão, os velhos amigos.

Só os que aguentam têm compaixão pelos que aguentam e, juntos, mantêm o poderoso elo do sistema – o sutil e incompreensível pacto social dos oprimidos, o masoquismo da adaptação social, do "normal".

"Sou normal" (mas você não imagina o que isso me custa...).

Esse pacto invadiu, inclusive, a psicoterapia: no consenso popular, psicoterapia é mais ou menos chorar as mágoas, contar as desgraças, expor os medos, e não sair disso. Também nas conversas comuns as desgraças são ouvidas mais atentamente do que os momentos de felicidade ou alegria... Essa atenção do terapeuta para o negativo é a melhor "técnica" imaginável para *reforçar* todas as coisas ruins. Se não der atenção a quem conta desgraças, você não tem coração. Ninguém parece perceber que, se todos dermos atenção à desgraça, só veremos desgraça no mundo. Se você chega rindo e brincando, as pessoas acham – ou mostram na cara – que esse riso é muito estranho e não fica bem, é coisa de criança. Rir muito é parecer bobo, ao passo que, se você se descabelar, reclamar do marido – que nunca está aí, que nunca faz "o que deve" – e do filho, que está se acabando em cocaína, todos se compadecem e até se dispõem a ajudar.

Como sempre, os contrários estão presentes: em uma sociedade sádica – predadora e opressiva – o masoquismo é muito apreciado...

Se numa terapia não forem quebradas a *seriedade* e a *respeitabilidade* das pessoas, nada se conseguirá. Ser sério e respeitável é o carimbo da adaptação social perfeita. "Sou infeliz, mas muito respeitável" é o que o homem sério diz. Por isso, seria muito bom se os terapeutas e as escolas de terapia começassem a brincar um pouco mais, a ficar menos sérios e respeitáveis. É o que fazem muitas técnicas alternativas, bem próximas da dança, do contato, da celebração, da alegria.

Fundamental em psicoterapia seria perder o respeito!

A CONSPIRAÇÃO DOS CONSPIRADORES CONTRA OS CONSPIRADORES

Essa história é diabólica e tem tudo que ver com os olhos. Todos controlam todos – pelo olhar – para que todos continuem sérios e respeitáveis, ou serão considerados anormais, marginais, perigosos.

Quem ri de coisas sérias é, na verdade, o pior dos revolucionários, o mais condenado. Dê uma gargalhada em uma igreja – qualquer uma – e veja o que lhe acontece! Ou, então, ria no meio de um discurso do Senhor Presidente ou – inimaginável – do Papa.

OS PAPÉIS TEATRAIS – OS BONS E OS MAUS ATORES

Todos representamos, com frequência, determinados papéis sociais: marido e esposa, professor e aluno, médico e paciente etc. Além dos papéis sociais, existem os papéis psicológicos (dramáticos, emocionais, ideais): o bandido e o mocinho, o esotérico e o materialista, o idealista desprendido e o capitalista voraz, a ingênua e a sabida, o ousado e o tímido. Enfim, as atitudes básicas: o perseguido e o perseguidor, o juiz, o promotor, o réu – e o carrasco! Esses papéis são observáveis – visíveis – nas atitudes, no jeito do outro. Formados e ativados em circunstâncias semelhantes, podem ser reconhecidos com certa facilidade.

Note que os papéis sociais são comportamentos semelhantes – sim, na certa, tanto que em regra é fácil reconhecê-los. Mas, da mesma forma que em relação às palavras, que têm um sentido único (dicionarizado) e também muitos outros (conforme as circunstâncias), podemos, em determinadas situações, ater-nos à *semelhança* no desempenho socioteatral ou às *diferenças*, pois ninguém "representa" um papel de forma exatamente igual a outra pessoa. Trata-se, sempre e sempre, de aceitar ou negar a individualidade – do personagem, do momento, da relação consigo mesmo.

SEMELHANÇAS E DIFERENÇAS

Essa questão é geral e importante. A realidade apresenta, a cada olhar, mil aspectos diferentes, cabendo a cada um, em cada momento, escolher se prefere ver os aspectos semelhantes – ou responder a eles – ou se prefere perceber as diferenças presentes na situação. *Ambas – semelhanças e diferenças – estão sempre aí.*

A começar pelas palavras (cada palavra tem um sentido "estatístico", tido como único, lembra-se?), passando por tudo que se ensina nas escolas e chegando enfim à própria noção de inteligência, tudo se refere à *aptidão de perceber, isolar e organizar semelhanças.* Uma teoria pode ser definida como um sistema bem organizado de semelhanças. O modelo de classificação dos animais é perfeito. As diferenças – no campo da inteligência – só servem para atrapalhar... Uma vez bem caracterizadas, as diferenças podem abalar ou destruir uma grande teoria.

A diferença é o inesperado, o imprevisível, o acaso.

Só no século XX é que se começou a pensar na dança contínua entre o previsível e o surpreendente – ou inesperado. Cada vez se fala mais no "ruído" (o inesperado) e em sua função: desintegrar e reintegrar o sistema.

Só o acaso é transformador – grande afirmação que, de outra parte, declara um truísmo. Sem acaso – se isso fosse possível – tudo continuaria a ser... previsível! Tudo continuaria como sempre foi.

Repetindo: é escolha de cada um, em cada momento, ver as semelhanças – eventualmente responder a elas – ou ver as diferenças – e responder a elas.

Talvez aconteça, aqui, algo parecido com o que dizem os físicos quânticos: é o experimentador que escolhe se determina a posição (semelhanças) ou o momento (diferenças) desta ou daquela partícula elementar. Determinar ambas é impossível (princípio da incerteza). Ou seja, não nos é dado pensar em algo *que se repete e se renova ao mesmo tempo* (forma dinâmica do princípio de não-contradição).

Mas logo me ocorre: *em qualquer célula viva isso acontece o tempo todo...*

É a eterna dança-conflito entre o conservador e o inovador, entre a partícula e a onda...

O OLHAR

As relações entre as atitudes complementares seguem um princípio basicamente semelhante, e assim se faz a dança social. Os preconceitos têm a capacidade de tornar circular – repetitiva – qualquer iniciativa. *Preconceito* é a fórmula verbal estereotipada, o lugar-comum, "aquilo que todos dizem". *Papel social* é a dança dessa fala, que tem também *música*. Falas preconceituosas são ditas em pautas musicais (vocais) bem determinadas e ninguém se engana a respeito. A solenidade do litúrgico, a carranca do juiz-carrasco (são tantos!) e da fofoqueira quando condenam o adultério, a cara das mulheres quando falam "meu filho", o jeito da mãe "explicando" ao rebento o certo e o errado, o jeitão do macho gabando-se de sua última conquista – quem não conhece essas músicas/danças/caras? Quem não distingue facilmente a fala usual do André de sua fala como Senhor Marido (falando com a legítima) ou como Senhor Pai (falando com o herdeiro)?

É tudo ouvido-olhar e bem pouco palavras... Estas servem – quando servem – apenas para apontar (direção do olhar!) este ou aquele aspecto da questão...

COMPLICANDO: A DIALÉTICA INTRAPESSOAL

A dialética entre os papéis complementares não se faz somente com o outro, ela se faz também na própria pessoa. O indivíduo, agora muito orgulhoso, em outros momentos pode se mostrar um dos contrários disso: servil? humilde? frágil?

Toda qualidade ou defeito tem vários opostos, e não um só.

É bem mais fácil pensar em *dois* opostos definidos, como está implícito na expressão hoje familiar "mensagem dupla", com suas péssimas consequências pedagógicas; as consequências sociais (falta de transparência) formam a maior parte deste livro. Igualmente comum é a noção da oposição entre *yin* e *yang* e todos os pares de opostos lembrados em seguida: dia/noite, áspero/liso, quente/frio, alto/baixo...

A realidade se mostra bem mais rica do que essa alternativa simples, e por isso é difícil situar-se na vida. O oposto do orgulho é a humildade, o servilismo, a submissão, a baixa autoestima ou a fragilidade? O oposto da seriedade é o riso, o deboche, a comédia ou a ironia? Favorecendo a dualidade simples está a organização dos músculos e movimentos, sempre em conjuntos de oposições: flexores/extensores, adutores/abdutores, rotadores para dentro/para fora e outros mais.

Já a mecânica do equilíbrio do corpo no espaço é bem mais variada, bastando dizer que podemos cair em qualquer direção – e que em regra não caímos!

Somos instáveis pela própria natureza... mecânica: somos muito altos para nossa pequena base, somos muito móveis e o que em nós é mais pesado e mais se mexe está em cima...

FALAMOS MUITAS LÍNGUAS AO MESMO TEMPO (EXPRIMIMOS VÁRIAS INTENÇÕES SIMULTANEAMENTE)

Não emitimos apenas uma ou duas mensagens por vez, mas muitas. A pessoa pode ter na *fronte* uma expressão de *preocupação*, nos *lábios* um sorriso *fácil*, os *ombros* espremidos de *medo*, um modo peculiar de *olhar de viés*, a *cabeça* ligeiramente "alevantada", como diziam os clássicos...

Cada uma dessas expressões emite uma mensagem gestual e solicita, desperta ou estimula uma resposta.

São uma constelação de motivos, tendências e intenções; e a regra nas relações pessoais é essa complexidade. Por isso as relações interpessoais podem ser tão variadas – e por isso o outro pode ser tão interessante – ou tão complicadas e difíceis.

O OLHAR

Cada uma dessas atitudes e todas elas são visíveis o tempo todo.

Note-se: atitude visível não quer dizer atitude *denominável*. Quase todos veem quase tudo do outro, mas não é fácil *isolar* ou *dizer* o que estão vendo.

Na verdade, bem podemos dizer que todos vemos "a mesma" coisa – em uma gravação de vídeo, por exemplo. Mas pôr em palavras as expressões vistas exige habilidade literária e vocabulário amplo relativo a expressões faciais e gestuais. As descrições psicológicas, ainda hoje eivadas de patologia, são simplórias demais se comparadas, por exemplo, com as descrições astrológicas, muito mais finas, elaboradas e amplas (é sempre necessário acrescentar: as "boas" descrições). Minha apreciação das boas descrições astrológicas de tipos humanos não significa que eu aceite a influência dos astros sobre nós.

Em textos clínicos, é espantosa a *falta de descrição* dos personagens envolvidos na situação. Só se lê um relato biográfico. Reich, em *Análise do caráter*, faz descrições brilhantes de pacientes, quase suficientes para compreender seu pensamento, mas logo em seguida mergulha na confusa terminologia psicanalítica, obscurecendo a exposição.

Cabe repetir uma pergunta já feita, mas sob outro ângulo: essa dificuldade de pôr em palavras expressões e gestos que vemos no outro impedirá que essas expressões e gestos atuem sobre o interlocutor?

Pessoalmente, atenho-me ao encontro biológico: posso compreender mal ou não ter palavras para descrever as faces que vejo no outro, mas é certo que sentirei se são amigas ou inimigas, francas ou disfarçadas, formais ou pessoais. E reagirei de acordo, não duvido. Claro, ainda, que posso me enganar – os animais também se enganam e pagam caro por isso... Nós também...

De há muito desisti de querer ser "objetivo" em psicologia, desisti de querer estabelecer uma "verdade" válida para todos e para sempre, uma "certeza" científica. Toda verdade tida como absoluta só tem servido para justificar abusos e opressões, para fazer "heróis" (os que estão do meu lado) e mártires.

Posso me enganar quanto ao significado das faces que vejo, mas isso é tudo que tenho para decidir ao interagir com o interlocutor – e a vida é feita de decisões. Insisto: de decisões no aqui e agora, e não de sábias explicações "gerais", todas fora da situação e do momento.

Lembrando que em psicoterapia há um diálogo significativo contínuo, repito: o que será um diálogo significativo se um não vê, ignora ou nega o que vê no outro?

A ESTÁTUA E A BAILARINA

O subtítulo acima, do qual gosto muito, é o título de um livro meu. A estátua tem muito que ver com a postura, e a bailarina com os gestos/caras/música (da voz).

Acrescento: para mim, postura, atitude, posição, jeito (jeitão) e pose são termos que se referem a realidades bem concretas, corporais. Postura é termo de biomecânica – "todos paramos de pé". Os demais termos (atitude, posição e pose) pertencem bem mais às áreas da psicologia e da sociologia: "Cada qual para de pé a seu modo – e conforme as circunstâncias".

Ludwig Binswanger propôs, faz algum tempo, o conceito existencial de "modo de estar no mundo" e procurou mostrar como tudo varia em função disso. Hoje reformulo Binswanger falando em postura no lugar de "modo de estar no mundo" (adiante retornaremos a essa questão).

Clinicamente, ou na prática, as coisas ficam mais fáceis se considerarmos em separado, na expressão corporal, os elementos mais estáveis (atitudes) e os elementos móveis (expressões fisionômicas, gestos dos braços e das mãos, mudanças no tom da voz).

Aqui me ocorre a divisão clássica entre "forma" e "fundo".

O OLHAR

A forma (da atitude, do corpo) foi se constituindo ao longo de muitas experiências semelhantes, das quais já dei exemplos.

"Estrutura social" quer dizer "tudo que se repete muito – frases, ações, julgamentos e atitudes das pessoas de certa região, de certa época".

Dado que ainda hoje a vida das pessoas não é mais do que uma longa série de repetições em família, no trabalho, entre amigos, no clube ou no bar, não é de estranhar que o corpo mostre essa repetição mantendo formas assaz estáveis, ligadas à experiência da pessoa, a suas qualidades individuais, a suas formas típicas de responder ao contexto. Temos demonstração clara desse fato nas práticas esportivas. Não é preciso grande capacidade de observação para separar um nadador de um tenista, de um jogador de futebol, de um jogador de basquete, de um patinador... Velhíssima observação esta: o tipo de vida modela o corpo.

Lidamos aqui com a noção de postura, em regra bem mal compreendida. Para começar, não existe uma boa postura. Existem várias boas posturas e muitas más posturas, pois cada atividade exige um embasamento postural adequado, ou o ato será defeituoso, composto de esforços mal aplicados e mal organizados.

O que se aprende nas artes marciais é como conseguir sempre eficiência máxima em qualquer ato agressivo ou defensivo. É facílimo distinguir quem sabe de quem não sabe brigar, quem tem a atitude "certa" para esta ou aquela atividade. Na verdade, a qualidade do bom artesão está na atitude mais conveniente para as atividades que realiza.

O que as pessoas em regra ignoram são as qualidades de nosso aparelho locomotor, de longe mais eficiente e versátil do que a observação casual nos permitiria compreender. Quero dizer que, diante de toda a variedade de movimentos que podemos fazer, a maior parte das pessoas se comporta como paralítica, manifestando poucos movimentos, mal compostos, forçados, instáveis, hesitantes... E haja males da coluna – e males psicossomáticos.

O mesmo pode ser visto numa praia na qual as pessoas, com pouca roupa, mostram posturas e formatos de corpo bem distantes do ideal, isto é, elas se movem mal, compõem mal seus movimentos, e isso vai modelando sua forma. Por que falar em transferência – constância de comportamentos – sem falar na presença dessa constância na postura, no corpo e no jeito? Hábitos não são movimentos repetidos? Não emergem necessariamente de posturas ao mesmo tempo em que as vão consolidando?

Em escola nenhuma – *e menos ainda em Educação Física* – são estudados ou praticados exercícios de consciência corporal e controle motor, isto é, como mover-se com eficiência, graça, precisão, como usar nossa "máquina" do melhor modo possível. Importante: as más posturas são a regra em nosso mundo, mas será que isso é natural? Não parece. Animais em geral se movem com muita precisão e graça – e, como sempre, os que se movem mal são comidos. Pergunto: essas *deformações corporais*, estatisticamente predominantes, na certa ligadas aos movimentos habituais, não serão um *retrato perfeito e terrível* das pressões abusivas – deformantes – sofridas pelas pessoas em sua "educação" familiar, escolar e social?

NO ORIENTE O MOVIMENTO É MUITO VALORIZADO

Nesse sentido temos aqui outra diferença deveras monumental entre Oriente e Ocidente. Lá o movimento é cuidadosamente cultivado, não só nas famosas artes marciais (que invadiram todos os filmes americanos) e nas muitas variedades de ioga como também nas danças ritualizadas em que se define a posição de cada dedo da mão – partindo sempre da "construção" de uma base firme. Aliás, primeiro ato de "defesa" do território: se você não se plantar bem no chão, será facilmente derrotado, e não estou falando apenas de uma briga corporal.

O OLHAR

Além disso, o que nos dizem – enfática, ainda que implicitamente – essas artes marciais e práticas de ioga? Que mudando posturas e movimentos mudamos a personalidade. E vão além: se você não refizer suas atitudes e seus gestos, não mudará nada em si mesmo.

A bioenergética está hoje começando a estudar o *grounding*: como se plantar estavelmente no solo, primeiro ato de autoafirmação.

Mas no Ocidente o mestre foi Wilhelm Reich e sua descoberta óbvia e mal usada: o corpo, quando bem visto, mostra uma biografia de tudo que o "modelou", um resumo de todas as pressões pedagógicas sofridas inicialmente em família e continuadas, durante e depois, pela escola e pelos preconceitos sociais.

Ele definiu e deu bons exemplos do que denominou "couraça muscular do caráter": a soma, a cada momento, de todos os esforços que fazemos, sem perceber, para nos impedir de agir do modo que gostaríamos; em outras palavras, a presença e a influência vitalícia de figuras parentais como representantes dos preconceitos sociais atuando "dentro" de mim, produzindo movimentos habituais ou impedindo novos movimentos. Tudo isso faz que pareça como se mamãe ou papai estivessem ao meu lado o tempo todo... Ou como se surgissem subitamente sempre que é preciso tomar decisões.

Enfim, é aquilo que os psicanalistas ignoram enfaticamente: o inconsciente é visível o tempo todo, em todos os elementos da comunicação postural e gestual.

A análise do caráter – com manipulações corporais nas áreas cronicamente tensionadas – mostra-se particularmente eficaz entre as técnicas psicoterápicas, entre os meios disponíveis para modificar a personalidade. Pode-se mesmo afirmar: se o jeito do cliente não mudar, o cliente não mudou em nada... Se o terapeuta mostra sempre o mesmo jeito (a mesma técnica), ele é um neurótico profissional, pois neurose é rigidez de comportamento (medo de mudar).

Note que as técnicas corporais estão se multiplicando também aqui, no Ocidente, no intuito de melhorar a personalidade, "libertá-la", desenvolver seu potencial, melhorar sua saúde (libertar-se de doenças psicossomáticas). Já entrou para a linguagem cotidiana a noção de "bloqueio", claramente relacionado com o corpo.

Lembro Lowen e a bioenergética agressiva, Eva Reich e a bioenergética suave, Feldenkrais e o cultivo da consciência corporal e do controle motor, as numerosas técnicas propostas por Osho e largamente difundidas entre nós, meus próprios estudos e livros, os numerosos estudos de Pethö Sándor e Suzana Delmanto (toques sutis), entre tantos outros que na certa existem e eu não conheço.

Na verdade, entre vários títulos memoráveis, o século XX pode contar com mais este: o resgate do corpo, tido até há pouco como matéria, carne, objeto de estudo da anatomia e da biologia ("animal"!), mas ao qual era negada qualquer participação nos fenômenos de consciência, vontade, imaginação, "espiritualidade" e mais.

Antigamente – no meu tempo (até 1950) – falava-se somente em inibição psicológica, recalque, "mecanismo inconsciente" ou repressão, e a noção de que o corpo fazia parte da mente era ainda bastante estranha para muitos. Refiro-me ao campo da psicoterapia que conheci e conheço razoavelmente bem.

ATO E ATITUDE

Para completar essas reflexões sobre movimentos, acrescentemos algo sobre a relação entre ato e atitude. Sem atitude bem composta ("postura"), nenhum gesto será bem-feito. A razão mecânica para tal afirmação baseia-se na Segunda Lei de Newton: "Toda ação produz uma reação igual e contrária". Para nós, ação é o gesto e reação é a postura. Compare com o "coice" das armas de fogo. Se quem dispara não estiver prevenido (postura), levará o tal coice, que pode até quebrar seu ombro. Imagine uma criança com os antebraços do Popeye e diga se ela pode esmurrar alguém eficientemente. Sem boas pernas e grande estabilidade, não há tenista nem boxeador eficiente, nenhum gesto será forte ou preciso.

Há hoje evidência sugestiva de que sem boa coordenação motora dificilmente haverá pensamento coerente, bem organizado. Tudo começa, em nossa vida, com movimentos e sem palavras. Não é de estranhar que sobre esse tema se organizarão as funções mais altas, culminando com o discurso lógico, coerente e consistente. Grandes estudiosos têm insistido nesse ponto: Piaget, Wallon, Vygotsky, Reich, eu.

Todos esses reparos se referem às atitudes, que são literalmente a base da expressão corporal.

Os gestos dos braços e das mãos só podem ser feitos se bem articulados com o tronco e as pernas.

Postura é o modo individual com que nos opomos à gravidade – nosso modo pessoal de parar em pé, de manter o equilíbrio a cada instante. Aqui, como sucede com as palavras, podemos dizer: todos param em pé (cada palavra significa sempre a mesma coisa), mas cada um para em pé a seu modo (em cada momento o significado da palavra muda). A postura é a raiz do "meu modo de estar no mundo" e do "meu ponto de vista".

A GRAVIDADE POUCO ATUA NA FACE

Os movimentos da face, tão importantes na comunicação interpessoal, diferindo da postura, são independentes da gravidade. Ninguém leva um tombo ao fazer uma careta, por mais horrível que ela seja.

A razão anatomomecânica é óbvia: os músculos da face se prendem de pele a pele e, ao se contrair, apenas mudam as linhas do rosto (a expressão). Por isso, e por serem leves e pouco espessos, quase não estão sujeitos à gravidade. Por isso, ainda, ligam-se pouco e nada à postura. São sinalizadores "puros" de estados emocionais. Além disso, são *sinalizadores das reações corporais imediatas da pessoa ao momento e ao outro.*

Mesmo assim, se a postura está mal composta, retira força de qualquer cara que façamos. Um indivíduo de ombros cronicamente encolhidos em atitude de humilhado pode fazer a cara feia que quiser que só assustará crianças, se tanto...

Também sabemos o contrário: há pessoas de aparência frágil cujo rosto pode ser muito forte.

Fazendo leituras corporais não é difícil saber se a pessoa é mais viva de corpo (ação, instinto, sensações) ou de face (pensamento, decisão, controle). Também podemos dizer: umas são naturalmente fortes e outras, culturalmente fortes. Pode-se observar facilmente que os dois lados do corpo (esquerdo e direito) são diferentes, assim como a expressão corporal da pessoa vista de frente é uma e vista de costas pode ser outra... Muitos aspectos contraditórios podem estar retratados nessas diferenças. Hábitos motores estáveis (tão estáveis que modelaram o corpo) predispõem a respostas e comportamentos igualmente estáveis, mesmo que assimétricos. *No limite, podem determinar comportamentos contraditórios e indicam sempre conflitos latentes.*

De qualquer modo, quando se deseja fazer a leitura corporal de alguém, convém separar a posição/postura das expressões do rosto. Uma retrata as repetições vividas pela pessoa, é um registro plástico de sua biografia, mostrando as atitudes básicas desenvolvidas por ela frente ao que lhe aconteceu. O rosto está muito mais aqui e agora, acompanhando o momento.

As expressões de rosto são – claro – muito mais numerosas e variadas, podendo mudar em uma fração de segundo, o que seria difícil de fazer com o corpo inteiro, mas nem tão difícil de fazer com as mãos.

Aliás, só há pouco tempo venho me detendo na "fala" das mãos e não sei dizer muito sobre elas. Parecem – entre outras coisas – complementar o relato, "descrevendo" o que vem antes ou depois, o que vem de um lado ou de outro, do passado (mão apontando para trás) ou do futuro. Ocorre-me definir os gestos da mão como se eles fossem preposições ou advérbios. De qualquer modo, é claro para mim que as mãos ampliam ou complementam o que a face (bem como as palavras!) está dizendo.

Se quisermos uma "técnica" para facilitar a captação intuitiva das atitudes das pessoas, podemos usar muito do que já dissemos. Olhe para a pessoa sem fazer nada – na verdade, tentando se pôr diante dela como se ela não tivesse importância nenhuma para você – nem a favor nem contra. Deixe-se impressionar pela imagem dela e não *comece* querendo saber. Essa contemplação facilitará *a imitação espontânea que seu corpo fará dela* e será *mediante* essa imitação que você a "compreenderá".

Essa é uma técnica recomendada tanto por Reich quanto pelos neurolinguistas e tem a seu favor o que já dissemos, e diremos, sobre visualizações. Tomando o outro como imagem para minha contemplação, é bem mais fácil compreendê-lo.

Se você quiser treinar a visão/compreensão das expressões corporais, veja desenhos animados em câmera lenta. Os bichinhos mostram com clareza excepcional muitas expressões de fácil compreensão e denominação, pois elas estão ligadas ao que vai acontecendo. As situações esclarecem as expressões, e vice-versa.

Caricaturas também são um bom material.

Depois, veja novelas e anule o som, as falas.

Enfim, usando vídeos, faça o filme andar devagar (*slow*) e, em certos momentos, parar (*pause*). Se você foi filmado, será muito bom olhar-se muitas e muitas vezes, usando também a câmera lenta e o congelamento da imagem.

E lembre sempre que, nessas horas, você está se vendo como o outro o vê. Você se surpreenderá cada vez menos com as reações dos outros diante de você.

O OLHAR E OS PAPÉIS SOCIAIS

O circuito: olhos que veem o corpo do outro e respondem ao que ele está mostrando são a base dinâmica dos papéis sociais. Alimentam-se um do outro, estimulam ou desencadeiam respostas sucessivas, exatamente como as "deixas" das peças teatrais. Como sempre, porém, a deixa da fala pode ser substituída, aqui, pelo gesto, pela cara, pelo tom de voz.

Esse circuito ver-reagir acontece muito depressa – muito antes de você começar a pensar (em palavras), não esqueça! É o nosso... animal, sempre aqui e agora.

Atitudes bem marcadas geram atitudes complementares nos circunstantes. Se uma pessoa tem uma atitude orgulhosa, os outros responderão, no mínimo, por meio de dois padrões: uns se encolherão diante dessa "pessoa poderosa"; outros entrarão no desafio, pensando "quem ela pensa que é?"

ESSÊNCIA DA VIDA:
CRESCER E ADAPTAR-SE

Os fenômenos mais fundamentais do ser vivo são o crescimento e a adaptação. Isso quer dizer que *ou me faço cada vez mais outro ou fico cada vez mais eu mesmo. Ou me transformo ou enrijeço.*

Aquele que não cresce na mudança cresce na rigidez. Ou faço uma revolução ou uma repetição. Se sou invejoso tenho cada vez mais inveja, se sou irritadiço fico cada vez mais irritado.

Exemplo: a mulher faladora e o marido quietão. Quanto mais ela fala, mais ele cala – e, quanto mais ele cala, mais ela fala. Ocorre um *feedback*, o reforço contínuo de uma expectativa pela outra, adensando indefinidamente o relacionamento. Depois de vinte anos, o casal se faz caricatura...

Outro exemplo: o marido dominador e a mulher submissa. Cada vez que ele fala, ordena ou a olha, ela se encolhe. Quando ela se encolhe, ele a olha com desprezo e exige novo absurdo. No fim, ele se transforma num déspota e ela vira um trapo.

Mas essa não é uma tragédia exclusiva do casamento; pode acontecer em qualquer relação frequente, como no emprego e até na amizade! Quando essa dança de atitudes não é percebida, o laço vai apertando. Ambos se adaptam e não notam a extensão das caricaturas que acabam criando, nem se dão conta de quanto um estimula o outro a repetir a dança. De certo modo exige.

Por isso, entre outras coisas, em família as brigas se repetem dezenas ou até centenas de vezes.

Uma das grandes dificuldades da psicoterapia é justamente esta: ou você muda de ambiente e de convivência ou dificilmente mudará. Uma hora por semana com um terapeuta não pode ter mais influência sobre alguém do que uma semana inteira com as pessoas de sempre.

A fúria atual do turismo (o maior negócio do mundo) tem essa raiz: só em outro mundo (diferente do habitual) e em outra companhia posso me fazer outro, posso crescer...

OS OLHOS DA PLATEIA

Não é fácil ter clareza ou segurança a respeito de nossas reações diante de muitas pessoas – num auditório, por exemplo. O motivo parece claro: quem olha vê. Se estou sendo olhado por muitos, cada qual com suas expectativas, a quais e a quantos poderei perceber e/ou responder? Certamente não a todos. Creio que essa simples descrição tem muito que ver com o medo de entrar em cena (*stage fright*). Tal medo não é de todo irracional.

Talvez devido a esse fato – grande número de expectativas simultâneas, como fazer diante de muitos – é que se desenvolveram na sociedade humana os papéis sociais. Nos atos litúrgicos – limites dos papéis sociais –, o oficiante não parece atender ou responder a ninguém em particular. Mesmo quando estão presentes altas autoridades, o oficiante não parece realizar o cerimonial para elas.

VIDA SOCIAL: FINGIMENTO TRANSPARENTE (HIPOCRISIA!)

Vimos até aqui que ninguém esconde nada de ninguém e que a vida social é um fingimento transparente. Vivemos numa encenação, misto de hipocrisia e opereta, em que ninguém acredita muito no que vê, no que lhe dizem ou no que acontece, muitas vezes nem no que sente. Se você adotar a prática de *observar* e *falar* sobre o que vê nas pessoas, perderá os amigos. O pacto social é o seguinte: "Na nossa sociedadezinha existem uns tantos comportamentos apreciados e aprovados", assim como comportamentos que "não se deve ter", que "não ficam bem"... Então, vamos todos falar que temos essas qualidades e exibi-las – ou encená-las. Vamos acreditar também que conseguimos esconder os defeitos. Acredito e anuncio minha brilhante fachada e tento disfarçar os meus sentimentos de medo, inveja, ressentimento, rancor, despeito, inferioridade, ciúme. Faço de conta que não tenho nada disso. Assim, o outro não me diz nada sobre os maus sentimentos que vê em mim e eu lhe pago na mesma moeda. Ficaremos ambos felizes, achando que somos ótimos.

VEMOS BEM MENOS DO QUE HÁ PARA VER

Quando mostramos uma filmagem (mesmo que de poucos minutos) para um grupo de pessoas, facilmente verificamos o seguinte: na primeira vez, a maioria vê pouco do que há para ver. É impressio-

O OLHAR

nante o número de opiniões divergentes. Cada um se sensibiliza com uns poucos aspectos ou trechos do filme: uma cara, uma frase, um jeito. À medida que o filme é repassado – *depois que todos falam e escutam* – as pessoas vão ampliando a percepção e a consciência.

A REALIDADE NÃO SE REPETE – E ISSO TEM CONSEQUÊNCIAS

Essa descrição (do que se vê!) simples e direta responde por muitos dos desentendimentos humanos. *Quase ninguém percebe muito na primeira vez, e em geral o que importa só acontece na primeira vez – ou uma única vez!*

Na vida, ao contrário do filme, ninguém tem chance de fazer que os fatos se repitam, e assim muitos mal-entendidos se eternizam. Na hora, um percebeu isso e isso, outro só viu aquilo e aquilo...

Assim se torna claro o significado desta expressão enigmática de Teilhard de Chardin: "É preciso *ver tudo* que há para ver".

Cada um percebeu – seletivamente – somente alguns momentos do acontecimento e, dentro do que registrou, ele "está certo". Mas o outro se deteve em momentos distintos e, portanto, ambos têm razão. Se enunciarem o que pensam, farão duas afirmações diferentes, ambas verdadeiras!

Esta é outra poderosa razão para gerar e consolidar papéis sociais: se todos, em certas circunstâncias, fizerem "do mesmo modo", sempre saberemos como reagir. Se a cada encontro alguém me surpreender, ficarei sempre perplexo, sem saber o que pensar nem o que fazer.

DEFINIÇÃO DEFINITIVA DO QUE É A VERDADE

A verdade – seja lá sobre o que for – é a *soma* do que muitos ou todos percebem/dizem de certo fato, situação ou pessoa.

Essa afirmação ampla precisa ser restringida. É válida para todas as pessoas de um grupo social em certa época, em certo lugar. A verdade é geográfica e historicamente determinada.

As pessoas selecionam certos aspectos dos fatos, e ninguém tira da cabeça de ninguém que o percebido pode ter bem pouco do ocorrido! Quem garante que o que percebeu é a verdade está implicitamente convencido de que viu tudo – ou até de que viu "a realidade" (!), o que é uma coisa bem diferente.

COMO CRESCER – AMPLIANDO O CONTEXTO

Em psicoterapia defendo atualmente o que pode ser chamado de "técnica de ampliação de contexto". Da parte do terapeuta, trata-se de fazer muitas perguntas em torno de um fato relatado pelo paciente. Apenas isso. É como uma boa reportagem. Ela se refere a um fato momentoso e traz para o leitor os personagens, os locais, as histórias e suas correlações com outras de conhecimento público.

O fato vai aterrissando e se concretizando. Com isso muitas portas podem ser abertas, muitas soluções podem surgir, tirando o leitor de um eventual isolamento gerado por uma visão preconceituosa – ou parcial – sobre a história.

Injunção preconceituosa quer dizer afirmação categórica em geral simplória e não passível de discussão. Ainda são fortes em muitas pessoas as velhas regras do casamento, das quais a primeira é: "Casou? É para sempre! É proibido separar, haja o que houver!"

Todo e qualquer preconceito é assim: ingênuo, genérico e definitivo. "Mãe está *sempre* certa", "pai *sempre* sabe o que faz", "criança *não sabe nada*" ("pai é pai", lembra-se?).

Funciona como os tapa-olhos dos animais, como se *uma* direção fosse "a certa" e *todas* as demais fossem erradas. Também se pode afirmar que os preconceitos são o pensamento coletivo, o dizer de muitos (se eles fazem o que dizem é outra coisa).

Tudo que a psicanálise chama de "resistência" é formado por preconceitos – sempre os outros me governando, vigiando e prendendo.

Sei, pela minha pele e pelos relatos de inúmeros clientes, dos sofrimentos e das dúvidas intermináveis que torturam as pessoas casadas quando começam a pensar em separação. Sentimos como se todos estivessem contra o fim daquela união. Como se eu fosse um fracasso, como se o erro fosse só meu – ou só dela –, como se meu casamento fosse o único a "não dar certo"... Nos velhos tempos sentia algo parecido em relação à masturbação, que só eu praticava...

É fácil compreender o quanto esse caminho estreito de sentido único impede as pessoas de pensar de outro modo, de sentir o quanto a permanência na situação pode ser maléfica. "E os filhos?!"

Por isso ampliar o contexto alivia, ao se permitir ver que há alternativas, que os motivos são muitos, assim como as circunstâncias e as pessoas. Um dos efeitos do preconceito é este: funcionar como "defesa" psicológica, sempre social na origem, impedindo a pessoa de pensar e até de sentir os próprios sentimentos. Por exemplo: quando a guerra doméstica atinge momentos críticos, falta bem pouco para as pessoas se matarem – alegoricamente. Cada um funciona como assassino potencial do outro, mas isso é profundamente contrário a tudo que se diz do... amor matrimonial. Isso não pode ser pensado! Não muito diferente é o que a mãe pode sentir – em certos momentos – quando um filho cria casos demais, é teimoso e birrento.

Ao longo do diálogo terapêutico, é preciso estar bem atento aos sinais não-verbais – *segundo elemento da técnica* – a fim de *ver as emoções.* Que cara ele fez ao falar do filho? Para onde olhava quando lembrava dos velhos tempos do casamento? Como se voltou subitamente para mim ao falar da última briga com a esposa? Havia raiva em sua voz, em seus olhos? Com que cara e tom de voz falou do emprego? Estava tranquilo? (Logo, o dinheiro é suficiente para a situação.) Ou ansioso? (Logo, o dinheiro está curto e/ou há preocupação por estar tão envolvido na separação a ponto de comprometer o trabalho.) E assim por diante.

A suprema habilidade do terapeuta é saber em que hora perguntar mais ou sugerir alternativas. Se ele entrar fora de hora, quando o paciente estiver empolgado em um discurso ou relato, sua intervenção será ignorada ou causará choque e confusão.

Enfim, como saber se a interferência alcançou o alvo? Ou quando deixou o cliente em silêncio, pensativo ou sem jeito? Nos dois casos será fácil *ver* a resposta.

Para completar, vamos aprender alguma coisa sobre ansiedade.

ANSIEDADE QUER DIZER "ESTOU PRESO"

Ligando essa reflexão ao olhar, podemos dizer que as pessoas ficam ansiosas quando se sentem "fechadas". Ansiedade é sinônimo de angústia; e angústia, etimologicamente, quer dizer "apertado", "estreito".

Fácil lembrar nesse contexto a noção reichiana de "neurose = biopatia de *encolhimento*". Toda neurose está ligada à *contenção de movimentos* (portanto, visível), à "repressão do desejo" (invisível), na linguagem psicanalítica. Ligada, por sua vez, aos muitos "nãos" ouvidos na infância e às muitas proibições impostas pela coletividade, pelos nossos Sagrados Valores Tradicionais (preconceitos).

Mas as proibições coletivas impostas nós vemos pelos olhares e pelas atitudes dos outros. Outros que podem estar presentes de fato – ou em meu íntimo, como o "olhar da consciência".

Ampliar o contexto corresponde a soltar, livrar, abrir *portas ou janelas*, permitir a saída – ou fuga –, como já dissemos.

"Olhar de mais alto" e ampliar o horizonte também são boas analogias. Seguindo-as, compreendemos que ampliar o contexto favorece o famoso "distanciamento", que ajuda a tomar decisões mais cabíveis, mais oportunas ou – exatamente – mais bem contextualizadas.

A ansiedade favorece a paralisia ou a tomada de medidas precipitadas com a intenção exclusiva – ou única – de aliviá-la: decisões que em geral complicam ainda mais as coisas.

O FOFOQUEIRO

O fofoqueiro faz assim: parte de um pequeno fato – normalmente, um pormenor de um conjunto desconhecido – que ele interpreta a seu modo, usando a capacidade imaginativa para preencher os vazios da observação, que nunca é completa. Além disso, ele ressalta todos os presumíveis maus sentimentos presentes no fato, como se pusesse uma lente de aumento sobre eles. E é por isso que nos sentimos traídos quando chega a nós uma fofoca a nosso "desrespeito". Ninguém é tão ruim como a fofoca diz nem tão vagabundo, desonesto, presunçoso ou exibido... Mais: ninguém é *sempre* como a fofoca diz e, na certa, não é só aquilo.

ANSIEDADE PERSECUTÓRIA

Nas psicologias próximas da psicanálise, o sentimento, a sensação ou a vivência de ansiedade persecutória tem *status* de conceito oficial. Seria um dos sentimentos básicos presentes em todos os seres humanos.

O motivo primeiro dessa sensação é a organização social em pirâmide. O de cima sempre pode oprimir e/ou explorar o de baixo, em degraus sucessivos. Bem embaixo, ficam a mulher, o soldado raso, o operário, o miserável e... a criança. Essa estrutura alimenta todos os sentimentos de medo/raiva – medo do que pode acontecer (incerteza sobre a sobrevivência) e raiva pelas injustiças hoje patentes. A mídia diz e mostra para todos, de mil modos e por mil canais, as injustiças existentes em todo o mundo.

O paradigma imoral é este: cuidado, qualquer um pode explorar qualquer um. Isto é, cuidado com o outro, com o "próximo"(!), ele é sempre um inimigo, um opressor ou um explorador em potencial – exatamente o contrário de "ama a teu próximo como a ti mesmo"... A psicologia tenta atribuir à infância pessoal a realidade social do sentimento persecutório. Esta nada tem de ilusória.

É bem sabido o resumo dessa iniquidade: há no mundo *cada vez menos gente cada vez mais rica e cada vez mais gente cada vez mais pobre*. E está piorando – cada vez mais depressa!

Outro processo a alimentar a ansiedade persecutória é a fofoca, de que já tratamos. A injustiça social alcança todos – é genérica, coletiva, "costume social". A fofoca é a versão individual da perseguição de todos contra todos, para que todos continuem bonzinhos.

Em certo momento chega a nós uma versão, em geral distorcida, de um fato real que acontece ou aconteceu conosco. Muitas vezes a fofoca se refere àqueles sentimentos que acredito estarem "bem disfarçados" e me assusta: os "inimigos" sabem de minhas fraquezas! Quem me traiu? (Eu mesmo...)

Sinto-me, então, perseguido por um número indeterminado de "inimigos" desconhecidos, o que reforça consideravelmente o sentimento de perseguição.

Tendemos tenazmente a eternizar momentos e pessoas, a achar que tudo continua como sempre foi. Apegando-nos a um aspecto do que foi visto, recusamo-nos a ver outros e insistimos que "ele é assim" ou "foi assim". Na fofoca, o rótulo aplicado é quase sempre caricatural ou grotesco, mas se o "inimigo" – o fofoqueiro – for hábil ao escolher seu "confidente", a fama pode espalhar-se bastante e persistir por muito tempo...

Nossa vingança consiste em acreditar em fofocas feitas sobre outros mesmo quando percebemos seu exagero ou absurdo.

A combinação do olhar de todos vigiando todos com a fofoca de todos sobre todos constitui um microssistema de controle social extremamente eficiente em manter o status quo.

Consideremos uma alternativa: se um Estado quiser ter o controle completo e contínuo de todos os cidadãos, será obrigado a dividir a população em três terços iguais: cada pessoa – "cidadão normal"! – terá de ser vigiada por dois policiais, um diurno e outro noturno... A prática demonstrou, ao longo da história, que isso não é necessário. *O controle que todos exercem sobre todos é muito mais eficaz.* Teme-se que o diferente contamine todos, isto é, que inicie uma revolução, torne-se uma tentação, um "mau exemplo" que perturbaria a ordem estabelecida.

Por que ninguém fala da influência da fofoca? Por que "fofoca" é um termo inexistente na psicologia e na sociologia?

Será medo de fofoca? Bom jeito de não entrar na luta e desprezar o inimigo.

Todos gostariam de mudar, mas têm muito medo disso. Os argumentos "lógicos" e "sensatos" do conservador são dois. Um é que só convém mudar quando se tem certeza de que existe e está disponível um modo – ou um mundo! – melhor. O segundo diz: é bom mudar se todos mudarem mais ou menos ao mesmo tempo (como num grupo de turistas, ou no Carnaval...).

Obviamente, as duas alternativas são bastante improváveis.

Disse-me uma santa mãe, após ouvir uma palestra sobre a liberdade de amar: "Ah, Gaiarsa, que bonito! Quando todos fizerem assim, deixo minha filha fazer também".

Quantas vezes, expondo os males da família em palestras, ouço: "É isso aí, Gaiarsa. Todos nós sabemos (e sofremos!) disso, mas até hoje não se inventou nada melhor"...

Compare, leitor, essa afirmação, tida como lógica, com esta outra: para sair de um campo de concentração, você ficaria *esperando* uma alternativa melhor? Ou tentaria fugir do jeito que desse? Livrar-se de uma situação péssima não é benefício suficiente?

O temor da maioria, no caso do casamento, é que sair parece pior do que ficar (é o que todos dizem), mas poucos se propõem experimentar para ver como se sentem.

Aliás, você sabe que, em relação ao matrimônio, cada vez há mais gente tentando fazer diferente. Está acontecendo a segunda condição declarada linhas atrás: se muitos fazem, é bem mais fácil fazer. Até atrocidades...

FAZEMOS BEM POUCO DO QUE GOSTARÍAMOS. POR QUÊ?

Essa é a causa universal do descontentamento das pessoas – logo, tema central tanto da psicologia quanto da sociologia. Será que a fofoca nada tem que ver com isso? Comecemos do começo. O eco – eterno! – do grande conselho materno, ou ameaça paterna, concentra-se nisto: "*O que dirão os outros* se virem, se vierem a saber de quem viu, se vierem a comentar o que viram?"

O SUPEREGO É O PIOR FOFOQUEIRO DO MUNDO

Ele não só "sabe" melhor do que ninguém o que sinto/desejo, mas também me "olha" (o olhar da consciência, lembra-se, leitor?), na verdade me vigia ou policia, de novo, melhor do que ninguém. Ele sabe tudo que penso, tudo que eu gostaria de fazer, tudo que sinto, principalmente na hora em que estou pensando em fazer, tentando negar o que desejo fazer ou sentindo algo "que não se deve" sentir...

"Ele" são os outros em mim. O que acredito ser *meu temor* de fazer o que "não se deve" é o temor de ser visto e julgado! – pelos outros.

NÃO EXISTE CULPA – APENAS MEDO (OU ANSIEDADE)

Há muito excluí de minha linguagem interior a palavra "culpa". A culpa é o medo de que os outros vejam ou venham a saber o que fiz de proibido e me condenem – ou castiguem. A culpa é também o castigo que imponho a mim mesmo quando faço o que os outros consideram "errado".

DE QUEM OU CONTRA QUEM FAZEMOS FOFOCA?

Se um fato ou uma pessoa não me toca, não tenho o que dizer. Se falo é porque, de algum modo, a coisa me diz respeito.

Os dois sentimentos básicos inspiradores da fofoca são o desprezo e a inveja: *desprezo invejoso*.

Primeiro me faço de bom cidadão em relação àquele perverso! Como ele é desprezível por fazer o que faz, tão contra a Natureza, a Sociedade e os Sagrados Valores Tradicionais! Eu jamais faria uma coisa dessas, imaginem!

E a inveja, como entra nesse contexto?

Critico, por meio das fofocas, tudo aquilo que eu também gostaria de fazer mas não tenho coragem ou oportunidade: o que não cabe – que pena! – na minha formação, no meu bairro, na minha gangue, na minha escola, na minha família.

O fofocado é o marginalizado. É aquele que faz diferente do que "deveria", e seu castigo é sofrer com os olhares de condenação ou desprezo dos outros – muitas vezes o primeiro passo para a exclusão do grupo, do partido, até do trabalho (e do salário!).

Nas tribos primitivas, ser excluído – ou, no cristianismo medieval, ser excomungado – equivalia a uma sentença de morte. Também entre os animais, cuidado com aquele que é muito diferente do bando! O diferente é totalmente excluído, quando não é perseguido ou morto.

É possível aproximar a história do Patinho Feio da de Jesus Cristo: ambos foram diferentes da maioria. Por isso Jesus Cristo foi intensamente perseguido – e glorificado depois de morto. Depois de morto já não era tão perigoso...

SOMOS TODOS CÚMPLICES DOS OPRESSORES

Nossa curiosidade sobre os outros e nosso veneno coletivo mantêm a ordem muito melhor do que qualquer polícia secreta. Não é preciso SNI, KGB ou CIA para nos controlar: todos nós limitamos a liberdade de todos nós e, como somos muito numerosos e estamos em todos os lugares – como Deus –, constituímos uma "patrulha" perfeita (na verdade, muitas patrulhas, uma em cada ambiente, uma sobre cada tema). Se em vez da mulher amada eu estivesse diante de um poderoso déspota, ai de mim se os olhos falhassem! Ninguém compreenderia por que fui decapitado...

Ai de mim se os olhos se fecharem ou desviarem um décimo de segundo quando enfrento a mamãe ou o papai, o professor, o chefe, até o amigo. Ninguém perdoa – nem o amigo – porque

não se consegue mentir com os olhos.

É muito difícil.

Note-se: não falo da *expressão* do olhar, que sempre se pode discutir. Falo da *direção* do olhar, que é fácil de ser percebida, que é difícil pôr em dúvida.

Basta a direção do olhar, mais nada, e fica tudo comprometido definitivamente. A direção do olhar – que os outros veem – mostra o que eu quero/temo/desejo.

Como os olhos são muito leves, escapam fácil, fácil...

O olhar é nossa *busca*, nosso radar mais fino e sempre inquieto. É tão fácil perceber para onde *a pessoa* olha – se tivermos ângulo. É tão difícil perceber para onde *eu* estou olhando.

O OLHAR

A VISÃO INTERIOR

Até agora estudamos basicamente a troca de influências interpessoais: um olhando o outro e os dois, ou outros, vendo-se e respondendo ao que está sendo visto.

Vamos estudar a visão interior. Visão interior e luz interior são termos que já deram origem a mil poemas esotéricos, dos mais ingênuos aos mais sábios, de exaltação do espírito ou da alma (e depreciação da carne). Com essa depreciação vai o menosprezo pelo olhar e pela comunicação gestual, que são "do corpo", isto é, da matéria, da carne, do pecado...

Só sobra a palavra, agora tida como Sabedoria Eterna, gerando disputas, cismas, agressões, interpretações, guerras, todas elas abençoadas pelos respectivos deuses...

Uma pesquisa sobre a atividade elétrica do cérebro de fetos com 7 meses de idade constatou que eles sonham! O que isso quer dizer? Que o registro das ondas mostrou um traçado que indica que, se fosse um adulto, ele estaria sonhando (não se pode entrevistar um feto de 7 meses para saber *se* e *o que* ele sonha...).

Mas temos esse dado básico: há no feto as ondas elétricas do cérebro e os movimentos oculares rápidos iguais aos de todas as pessoas quando estão sonhando. Se admitirmos, e isso parece plausível, que o sonho do feto tem imagens visuais, pois os sonhos são basicamente visuais, chegaremos a esta gloriosa conclusão:

a luz interior surge antes da luz exterior!

Se não houvesse luz interior, não haveria sonho. Não existe visão sem luz, e é inútil a luz sem visão. Assim nasce uma pergunta capaz de gerar encantamento e perplexidade:

Deus é Luz

ou

Deus é o Olhar?

Voltando: o feto sonha. Por quanto tempo? Como não é possível monitorar continuamente o feto, a experiência foi realizada com recém-nascidos. O adulto dorme em média oito horas por dia. O recém-nascido dorme o dobro: de dezesseis a dezoito horas por dia. Nós sonhamos por mais ou menos 25% do tempo em que estamos dormindo. O recém-nascido sonha 50% do tempo. Portanto, *ele sonha quatro vezes mais que o adulto*, isto é, ele está "vendo" imagens em metade do seu tempo de sono. Podemos dizer também: sempre que está sonhando, o recém-nascido fica com a luz interior acesa!

Segundo muitos estudiosos, quando o feto sonha tem uma produção endógena e contínua de imagens, na certa contribuindo para o desenvolvimento das redes neurais motoras, estimulando as conexões entre os neurônios.

Leitor, junte isso com o que já dissemos sobre os sonhos e sobre as relações mais do que íntimas entre visão (imagem) e movimento.

OLHAR PARA FORA E OLHAR PARA DENTRO PODEM SER COISAS MUITO PARECIDAS

Nesses mesmos laboratórios de estudos do sono e dos sonhos, foi feita mais uma constatação que nos interessa: *olhamos para o sonho exatamente como se estivéssemos olhando a realidade*. Exemplo clássico: uma pessoa está dormindo e você começa a perceber, por registros, que os olhos dela estão se movendo de baixo para cima e vice--versa, várias vezes. Acordamos a pessoa e perguntamos com que ela sonhava. Ela estava observando – no sonho um guindaste que elevava e descia cargas. Os olhos estavam seguindo o gancho do guindaste...

Foram obtidas provas curiosas. Um grupo de cientistas ficava numa sala, registrando os movimentos oculares do sonhador. Outro grupo, em outra sala, comparava essas anotações com os relatos do sonhador. A tarefa era tentar sincronizar as mudanças de cena ocorridas no sonho e os movimentos oculares registrados.

O OLHAR

Constatou-se que as mudanças de direção do olhar e as variações das cenas são simultâneas. Exemplo: "Estava andando numa rua [*olhando para a frente*], cheguei a uma porta à direita [*o olhar vai para a direita*], coloquei a mão na maçaneta [*o olhar baixa e aproxima o foco*], ao abrir a porta vi uma escada [*o olhar vai para cima*]".

Logo, é como se os olhos estivessem "vendo" tudo aquilo que o sonhador relata, como se estivessem "olhando" o sonho, que é indiscutivelmente uma "imagem interior".

A surpreendente conclusão dessa experiência é:

olhar para dentro é igual a olhar para fora.

Lembra-se do que nos disseram os neurolinguistas sobre a relação entre os movimentos oculares e o pensamento? O olhar vasculha continuamente o cérebro – olha para dentro em várias direções – para desentranhar os elementos de que a pessoa necessita para articular seu pensamento.

A frase "olhar para dentro é igual a olhar para fora" precisa ser esclarecida. "Olhar para dentro" quer dizer sonhar (à noite ou durante o dia), imaginar, fantasiar. Nem é preciso dizer que a versão "natural" do fato é o sonho noturno, cujo realismo é, por vezes, ainda maior do que o da própria realidade...

Os movimentos oculares rápidos (*rapid eye movement* – REM), concomitantes invariáveis dos sonhos, confirmam o que estamos dizendo: os olhos "olham" o sonho como se estivéssemos realmente acordados.

O ritmo cardíaco, a respiração e o tônus muscular mudam no sono sem sonhos. Estamos profundamente relaxados, o coração está em sua frequência mais baixa, a vida está em seu nível mais lento. É quando se registra o metabolismo basal de verdade, o mais baixo, isto é, quando todas as reações químicas que sustentam a vida passam a ocorrer em câmera lenta.

J. A. GAIARSA

Ao sono com sonhos (e movimentos oculares rápidos) se dá o nome de sono paradoxal, pois, embora estejamos dormindo e aparentemente "em repouso", o cérebro trabalha com intensa atividade e o corpo também. No corpo se esboçam tensões isométricas (sem movimento), isto é, tensões musculares que, em graus reduzidos, sofrem todas as variações, como se o movimento de fato se realizasse. É como se o sonhador fosse um astronauta na Lua, movendo-se em um campo gravitacional com um sexto da força do da Terra. Isso ocorre porque estamos deitados e, nessa posição, as forças musculares se comportam como se a gravidade se anulasse (desde que eu não queira levantar braços ou pernas da cama). Foram feitas constatações eletromiográficas desses fatos. Exemplo: no sonho, a pessoa está subindo uma escada. Os músculos das pernas do sonhador se contraem alternadamente, como se de fato ele estivesse subindo uma escada, embora a força das contrações não seja suficiente para mover efetivamente a perna.

De novo: quando estamos sonhando ou fantasiando, esboçamos todos os movimentos implícitos na fantasia. Embora "dentro", procedo como se estivesse "fora".

Todos os métodos de exame fino do funcionamento do cérebro se baseiam no fato de que, um *instante antes* de uma região cerebral entrar em ação, sua circulação se amplia tanto que pode ser registrada. Na verdade é esse aumento da circulação que o aparelho registra.

Dito de outro modo, e curiosamente: basta *ter a intenção* de fazer um movimento para intensificar a circulação nas áreas cerebrais envolvidas.

Sublinhemos tudo isso. Veja-se o quanto esses fatos emprestam fundamento objetivo a todas as *técnicas de visualização*, das quais falamos bastante no começo. Visualizar é estar lá – na imagem –, microatuando, microexistindo, microexperimentando. A imaginação é uma simulação da realidade, é uma realidade virtual... Há muito se diz isso, mas agora as provas são fortes – científicas...

O OLHAR

Assim, tudo nos leva a crer que as inibições do olhar atuam quando olhamos "para dentro" de modo muito semelhante a quando olhamos "para fora" – e também quando somos olhados pelos outros.

Veja até que ponto esses fatos justificam a conceituação de um "olhar da consciência". Este também é negado, e todos continuam a falar de uma voz da consciência, como se ela fosse a primeira ou a mais importante das instâncias reguladoras – inibidoras – da personalidade.

Lembro bem da literatura psicanalítica de meados do século XX no Brasil. Era estranho ler os textos dos terapeutas acerca dos feitos mirabolantes do "inconsciente" do neurótico, o quanto era preciso estar mais do que atento para não se deixar envolver por ele, por seus truques e sua esperteza.

O que não se dizia – e era necessário para compreender melhor o que acontecia – é que o inconsciente é nosso animal e, como todos os animais, está sempre presente (não se distrai), é astuto, esperto, habilíssimo em não se deixar dominar. É o que faz qualquer animal saudável quando enfrenta um desconhecido. O inconsciente, paradoxalmente, "era mais consciente" (!) do que o terapeuta...

Na verdade, percebia bem mais e mais depressa do que o terapeuta. Era um jogo continuo entre a lebre dos reflexos animais e a tartaruga do pensamento verbal.

A DIREÇÃO MAIS IMPORTANTE DO MUNDO

A linha do olhar é a direção mais importante do mundo. O traço que vai do olho ao objeto não marca só a direção do desejo; marca também o caminho. Além disso, a relação complementar entre olhos e mãos – o olhar checando e controlando os movimentos das mãos – é a responsável básica por toda a tecnologia humana.

Mais do que para ver, os olhos servem para nos orientar, selecionar (decidir) e organizar os movimentos do corpo no espaço próximo e das mãos quando trabalham.

O OLHAR É TUDO NA IMITAÇÃO
(E NAS IDENTIFICAÇÕES)

Já em plena subjetividade, podemos dizer que *é por meio do olhar que são feitas nove em cada dez imitações/identificações/projeções.* O melhor modo de aprender – sabemos todos – é ver alguém fazendo. Esse processo é espontâneo e indiscutivelmente natural: se nos detemos a olhar com atenção seja o que for, logo começa a se fazer em nós, ou logo começamos a fazer conosco, algo semelhante àquilo que contemplamos.

Tão espontâneo é o processo que, a fim de impedi-lo, precisamos fazer alguma coisa contra, desviar o olhar, voltar as costas, olhar com desprezo ou indiferença (forçada), colocar-se acima do outro (olhando-o, veja só, de cima para baixo).

Era hora de começar a perceber que o processo básico, e na certa o mais frequente, de aprender é imitar, e não explicar, descrever, justificar – ou provar que o dissidente está errado.

A imitação é o modo elementar de aprender na infância e o único disponível para os animais.

No mundo da erudição, a imitação passa a ser denominada... *teoria dos modelos.*

É lamentável que na prática se ignore esse fato em todos os lugares ou atividades em que se pretende que pessoas aprendam – seja lá o que for.

Tão ou mais lamentável é o fato de nenhuma escola de pedagogia lembrar que nos cinco primeiros anos de vida aprendemos 80% de tudo que seremos, sem que nós ou os circunstantes percebamos o fato. Ainda hoje, a maioria acha que uma criança começa a aprender só quando entra na escola.

Poucos se dão conta de que educar é fazer que a criança se torne semelhante aos adultos do mundo onde ela nasceu – e que isso é facilitado pela imitação de poses, atitudes e modos dos adultos que cercam a criança, todos tomados, em maior ou menor grau, pela dança dos papéis sociais.

Já mencionei que vi um livro de fotos de um recém-nascido que imitava – claramente – as caras dos adultos que olhavam para ele! Recém-nascido!

É na pedagogia – na escola – que se nota o efeito maléfico de nossa herança grega de adoração pela palavra. Tão fácil! Tão inútil! As crianças não guardam – e jamais usarão! – mais de 5% do que "aprenderam" (a falar!) – na escola – durante DEZ anos!

O destino natural do homem é ser visionário, não tagarela... A natureza "viu" que ver era bom. Situações visualmente claras são fáceis de resolver. Os olhos dão o "retrato" da situação na qual me encontro e no mesmo ato sei o que fazer. Nosso aparelho locomotor foi feito para atuar em função do que estou vendo.

Já o retrato verbal é incomensurável, seja com a imagem (a "realidade"), seja com os movimentos a serem feitos naquele cenário. Antes que o verbo possa influir, a pessoa deverá inevitavelmente voltar aos olhos, à imagem visual do mundo.

A meu ver, a maior dificuldade da educação é esta: *como fazer para que as crianças NÃO imitem os adultos.*

Enquanto não formos capazes de proceder assim, continuará muito alta a probabilidade de que a educação apenas reforce nossos Sagrados Valores Tradicionais.

É o óbvio: se as crianças *continuarem fazendo como nós*, os costumes sociais seguirão muito parecidos com os que estão aí.

Seria bem melhor – e em certa medida isso está acontecendo – meditar ou contemplar em vez de observar, conceituar, discutir, analisar, polemizar. Observar, aqui, refere-se à ciência, na qual não existem seres humanos – todos os seres humanos são "subjetivos", e a ciência é puramente "objetiva" – e vamos rir dos jogos de palavras, tão fáceis e divertidos. O olhar do cientista é ao mesmo tempo finamente focalizado e excludente. Um olhar que penetra e talvez até explique, mas não sei se compreende. Sem contexto não existe compreensão. O especialista – o típico! – é um sábio ignorante.

O SÉCULO DA VISÃO

A fotografia nasceu há pouco mais de um século. Foi o primeiro modo de parar o tempo...

Hoje existe a câmera dos satélites, que a cem quilômetros de altura fotografa pessoas perfeitamente identificáveis.

Combinando a ótica, os foguetes e a eletrônica, fazemos um telescópio-satélite (o Hubble) e revela-se um universo imenso – bilhões de anos-luz!

O cinema faz tudo: mostra o que se quiser de real ou imaginário em pormenores e em movimento, em velocidades variadas e até de trás para diante (inversão do tempo!).

Na metade do século XX abre-se em cada casa uma janela para o mundo: a TV, que ampliou os horizontes de bilhões de pessoas. Quer dizer: bilhões de pessoas *estão vendo* que a realidade vai além do lar, da rua, do bairro, da cidade e até do país. Isso aumentou extraordinariamente *o contexto existencial das pessoas*.

E agora há a internet, a realidade virtual e toda a explosão de equipamentos visual-sonoros cada vez mais baratos e fáceis de usar.

Hoje podemos *repetir* as imagens, mostrá-las para quem quiser ver o que nós vimos. Quantas pendências podem ser resolvidas desse modo! Num jogo de futebol, por exemplo: várias câmeras registram um mesmo lance que depois é mostrado de vários ângulos, de diferentes distâncias, em várias velocidades e quantas vezes quisermos.

Nunca isso tinha sido possível – "a" realidade era uma só e sempre a mesma.

Hoje podemos "conservar" o passado e revê-lo quantas vezes nos aprouver.

Isso é consciência cósmica, sinônimo de contexto de amplitude máxima.

Isso é oportunidade máxima para a iluminação coletiva – e a cooperação total.

O OLHAR
E O CIUMENTO

O olhar
é o primeiro controle do ciumento...

"Você olhou para ele, sua vagabunda!",
e a guerra começa.

Parêntese: ciúme é guerra de amor?
Acho que é guerra de horror,
ódio com nome de amor,
medo com nome de amor.

Ódio e medo sem remédio...
Se não aceito o ciúme como ódio/medo
mas como amor fico com ele,
o protejo e defendo.

Ela tem de mudar – não eu.
Ela tem de mudar os sentimentos.
Como se faz?

J. A. GAIARSA

Ela é a errada – eu o certo –, e todos me apoiam...
Não sou eu o legítimo?
Se eu não estivesse certo,
os outros não concordariam comigo,
não é claro?

E a corrente infernal
de ódio/medo, com nome de amor,
amarra todos nessa miséria,
onde o amor morre à míngua
quando todos dizem protegê-lo!

Quem acredita nos olhos está perdido,
não pode mais negar.
Melhor fazer de conta que eu não vi.

Melhor falar.
Na fala eu me arrependo,
prometo, peço desculpas, volto atrás,
"recomeço".

Só na palavra – que é convenção – as coisas se repetem.
Mas, se é o olhar, nada desfaz o que eu fiz,
"disse", mostrei... quando olhei.

O definitivo é muito duro.
Mas tudo que começa com o olhar é definitivo,
é fato definitivo,
objetivo,
científico!

Anexo

O ENIGMA DA RETINA (DA VISÃO)

Depois de tudo que foi dito sobre o olhar, pareceu-me de bom alvitre aprofundar o exame da fisiologia fina da visão, por ter sido apenas esboçado no começo do livro.

O texto seguinte exige muito do leitor, entre outras coisas porque o processo visual vai além de toda imaginação.

E porque ver e agir de acordo com o que se vê é tão fácil e tão frequente, que fica difícil acreditar que seja tão complicado!

Além disso, o tempo envolvido no processo é de centésimos e milésimos de segundo, sendo assim difícil de imaginar – e compreender.

Os olhos e a visão são muito mais velozes do que a inteligência ou qualquer outro processo consciente.

O *inconsciente* da visão é muito mais complicado que o Inconsciente de Freud...

E muito mais poderoso.

Começo repetindo o... começo.

Só uma minúscula área de dois milímetros de diâmetro (chamada de *fóvea*, por ser uma pequena depressão; ou *mácula*, por ser ligeiramente amarelada), situada quase no centro da metade posterior do globo ocular, vê em cores e com nitidez máxima – o que é quase impossível de se acreditar!

Essa estrutura ótica não parece corresponder de forma nenhuma ao que estamos vendo o tempo todo.

A partir dela como centro, a chamada retina periférica mal chega a "ver" (acuidade visual) um décimo do que a mácula vê. De outra parte, a periferia da retina é extremamente sensível a movimentos que ocorram em qualquer ponto do campo visual.

Percebido o movimento, no instante seguinte os olhos se voltam e se fixam naquele ponto – e o seguem (se for o caso), presos àquilo que se moveu.

A vantagem biológica desse processo é evidente. Pense na luta entre presa e predador.

Qualquer hesitação ou erro na direção pode ser fatal!

A fóvea mantém com as *áreas cerebrais ligadas à visão* (no lobo occipital) uma relação enigmática: a área de cérebro que recebe as "mensagens" da fóvea tem uma extensão igual ou maior do que as áreas cerebrais que recebem mensagens de todo o restante da retina (área muitas e muitas vezes mais extensa).

(*Áreas cerebrais – ou corticais – da visão* são regiões do córtex cerebral onde a luz que alcança os olhos é transformada em imagem – visão consciente –, naquilo que você vê).

Trata-se de um processo mágico de vários modos – como veremos.

As coisas se passam como se o cérebro pusesse uma forte lente de aumento sobre a área que recebe as excitações (a imagem) provenientes da fóvea.

Por isso a fóvea, e só ela – ou ele? (o cérebro) –, vê tão perfeitamente o que "ela" (ou "ele") vê...

Mesmo procurando muito a explicação para essa organização tão peculiar da visão, até hoje não a encontrei.

A pergunta ingênua seria: "Por que toda a periferia da retina não vê tão bem quanto a fóvea?".

Não seria melhor ver tudo com plena nitidez e em cores?

A mais, pelo que a seguir será dito, é líquido e certo que as áreas cerebrais ligadas à visão (ao que se vê) exercem um efeito contínuo e poderoso sobre a maior parte de nossos movimentos – mas os textos de neurofisiologia não assinalam ligações diretas importantes do córtex visual com os núcleos motores (que ocupam dois terços do cérebro). E é justamente nisso que reside o segredo da mácula.

Comecemos de longe – é preciso.

ORIENTAÇÃO – DIREÇÃO – SENTIDO

Preâmbulo poético

A palavra "desejo" vem de *de-sid-erio* no latim, que tem como raiz etimológica o termo *sid* (que significa "estrela", na língua zenda). Desejar é seguir a estrela – um ponto de luz – longínqua! Desejar é seguir o que a fóvea vê!

Em escuridão completa – você sabe – não nos animamos a dar nem um passo, pois nela a noção de direção... não tem... sentido! Para qualquer lado que eu vá não posso saber para onde estou indo! Nem o que vou encontrar.

Como ir, então?

Primeira descrição: quando o campo visual é uniforme, podemos dizer que nele não há direção, ou que nele não podemos saber qual o sentido de qualquer um de nossos movimentos – de nossa marcha. Não podemos ter... intenção, em-tensão. Preparação. A própria palavra "desejo", tão central em psicologia – e na vida – tem tudo que ver com direção.

Sempre a fóvea!

Algo parecido acontece se estivermos em... Londres – ou no mar – envolvidos em espessa neblina...

Nos dois casos, é como se estivéssemos com uma venda nos olhos.

Nos três casos (escuro, neblina e venda), nós nos comportamos – e nos sentimos – como cegos; perdemos toda a capacidade de organizar movimentos.

Somos tomados então de um medo paralisante – repito: ficamos paralisados.

O imperativo categórico é: "Não se mexa!". Ou, implicitamente: "Cuidado! Qualquer movimento pode ser perigoso – de consequências imprevisíveis e incontroláveis".

Por isso se desenvolveu a mácula!

Para dar direção, sentido – ou "orientação" – ao movimento, na confusão ou na totalidade do cenário.

No arqueiro (arco-e-flecha) as direções das linhas maculares convergem no alvo. No caso da carabina, o sistema de mira é o concreto deste abstrato.

As palavras *direção*, *sentido*, *alvo* e *orientação* não teriam... sentido sem esta propriedade peculiar da visão (da mácula), a de fixar/isolar um ponto na paisagem ou na cena – na panorâmica dada pela periferia.

Mas trata-se de uma *fixação dinâmica* – paradoxo! – porque, sempre convergindo, ela segue o movimento do que está em movimento, do que é *importante* – permitindo assim a organização de todos os movimentos do corpo – ou do gesto – na situação.

Quando o movimento do corpo se orienta pelo som ou pelo odor, o processo é diferente – e bem menos preciso. Trata-se então de seguir a gradual intensificação do som ou do odor – mas não há uma direção em sentido próprio. A possibilidade de erro é bem maior e o corpo não tem como se organizar com precisão para chegar, para interagir – ou fugir.

O corpo – ou o animal – precisa ir tateando, movendo-se entre tentativas e erros para "chegar lá".

J. A. GAIARSA

Hesitante – e isso seria fatal diante de animais rápidos nos movimentos. (E quais não são?)

O APRENDIZADO DA VISÃO

Com esses reparos podemos esclarecer dúvidas sobre como a criança humana aprende a ver.

Há muitas dúvidas a respeito.

Há quem acredite que o neonato seja cego (melhor se diria: comporta-se como um cego). Melhor seria: não sabe ver, não discrimina coisa nenhuma na "massa" que vê.

No entanto, desde o nascimento ele pode imitar uma face que esteja próxima, sem foco, sem alvo (vi fotos que comprovam esse fato). Mas posso crer que ele imite de paisagem a paisagem – como a fotografia reproduz a cena.

O que o neonato não tem de início é a "noção" ou... clareza (!) quanto às sensações luminosas – melhor, quanto às formas do que vê – nem quanto à organização do espaço.

Óbvio. Nunca viu! Ou só viu gradações bem limitadas de luz – sem formas – dentro do útero.

É pouco provável que sua pupila reaja adequadamente à quantidade de luz – aprendizado que só poderá ocorrer quando o neonato for exposto a graus diferentes de iluminação.

A noção de "objetos" distintos se formará em função de duas espécies de experiências: objetos que se movem no campo visual (sobre fundo imóvel) e objetos que são manipulados (noção de "coisa", mesmo que as "coisas" sejam suas mãozinhas passeando pelo seu campo visual – eles fazem isso).

A noção de distância – ou de perspectiva – só despertará quando ele começar a se mover – a mover a si mesmo –, indo de cá para lá – com as próprias forças. Suas sensações de esforço irão se ligando ao

O OLHAR

percurso feito – e à aproximação do objeto de desejo (!) – que dirá para seu cérebro o que significa "próximo" e "distante"; e talvez, nos mesmos atos, o que quer dizer "antes" e "depois".

Einstein gostaria desta noção que reúne – na origem – espaço e tempo!

A convergência ocular na criança pequena é talvez o mais difícil: tem que ver com *focalizar* – movimento simultâneo e preciso dos dois globos oculares –, com formação da noção de "objetivo", "propósito", "caminho" – inclusive de destino e desejo.

A noção de distância também entra na determinação da convergência ocular, que pode ser para perto ou para longe.

A dificuldade em exercer essa função – muito precisa – pode explicar muitos ou todos os casos de estrabismo na infância.

A inconsciência humana em relação à convergência ocular durou dos primórdios até a Renascença – quando foi descoberta a perspectiva!

Até então os pintores representavam o mundo como ele é visto por uma criança que não desenvolveu a convergência ocular!

A perspectiva (em desenhos) é o oposto – ou o complemento! – da convergência ocular.

Seu espelho.

O "ponto de fuga" é a projeção da fóvea no quadro!

O mistério começa a se revelar se pensarmos – modelo perfeito – na ligação entre a visão e os movimentos de uma ave de rapina – digamos, uma águia.

Se o coelho – lá embaixo – não se mexer, não será percebido pela águia que voa a mais de mil metros de altura. Mas no momento em que ele fizer o menor movimento, a visão periférica da retina na certa perceberá e a mácula se fixará instantaneamente no... infeliz. A visão supernítida da mácula o perceberá, isolando-o da paisagem lá embaixo (contraste mácula-periferia da retina).

A lebre, se imóvel, dado seu tamanho, se confundiria com o que estivesse ao seu redor (vista a mil metros de altura – lembre-se).

Localizada a lebre no primeiro movimento que fizer, a águia inicia o mergulho de caça na direção dela. É intuitivo, para a águia, *manter a direção em relação ao alvo* – e mais ainda se a lebre começar a correr quando a ave estiver se aproximando.

Basta esse exemplo para compreender que, desde o momento em que a águia localiza a lebre (mácula), todos os seus movimentos terão de ser organizados duplamente pela visão – do campo visual total, pouco nítido, que vai mudando aceleradamente (em relação à direção do voo) – e, ao mesmo tempo, pelos movimentos da lebre, continuamente "fixados" pela mácula.

Basta um quase nada de imaginação e passamos da águia para um de nós quando estamos em um lugar de muito movimento de pessoas e veículos. É preciso, então, mover/fixar continuamente os olhos em várias direções, a fim de podermos nos dirigir – a salvo! – para onde nos importa – sem nos perdermos na paisagem sempre variável – e sem dar trombadas.

Os olhos mostram simultaneamente a direção a seguir (a do objeto escolhido) e o cenário no qual o movimento está se desenvolvendo. Mostram a direção ao longo da qual a intenção pode se realizar, a partir do lugar em que você está até onde deseja chegar.

É importante notar que a cada passo o cenário muda (periferia) e é preciso manter a mira (mácula) no ponto desejado.

Não pode haver exemplo mais acabado de "como perseguir meu objetivo" (e até de "como chegar à conclusão")!

Eu me pergunto se o presumível modelo dito *mental* ou até *intelectual* poderia ser outro, diferente do modelo visuomotor.

Transitar do *movimento sob controle visual* para o movimento mental, de acordo com qualquer outra descrição – ou fundamento –, parece-me de todo descabido. Por que buscar outro modelo se este é tão satisfatório, tão bem organizado e tão... real?

O OLHAR

Quero dizer que os movimentos oculares são mais rápidos do que qualquer pensamento ou movimento voluntário, físico ou mental (v.i.).

Espero que o leitor saiba a que estou me referindo: às mil especulações e tentativas de definição verbal de inteligência, vontade, finalidade, intenção...

Quando as pessoas começarão a compreender que o corpo está na mente e que a "Luz" (a "visão") dita espiritual não pode ser muito diferente da luz – do Sol – ou de uma lâmpada?

A onda eletromagnética não é menos misteriosa do que a "Luz" (dita espiritual).

O físico quântico que o diga.

Mas, para que o complexo sistema de controle motor funcione, é preciso uma "convergência ocular" muito precisa e mantida: é necessário que as linhas que vão de cada mácula até o objeto realizem a mais perfeita convergência sobre ele – o objeto.

E é preciso que essa convergência seja mantida ao longo de todo o movimento, quaisquer que sejam as modificações do cenário e mesmo que este também seja movimentado – ou vá mudando.

Creio que seja fácil, agora, perceber que "convergência ocular" é sinônimo de "prestar atenção" (visual), estar interessado, concentrar-se, até de "querer saber", buscar a resposta, pesquisar...

Mas ao ouvir "preste atenção" poucos pensarão nos olhos – se eles estão convergentes!

Na verdade, tanto as repetições intermináveis da vida familiar e do cotidiano quanto as lições desinteressantes da escola vão fazendo que as pessoas (as crianças) se tornem cada vez menos capazes de... prestar atenção!

Parece óbvio, ainda, como os neurolinguistas especificaram, que há uma "atenção interna" que funciona praticamente do mesmo modo – e, então, deve estar ligada aos olhos quando "olham para dentro".

J. A. GAIARSA

A atenção pode se fixar na audição, no tato, no sabor, nas tensões musculares, ou no... pensamento (nas palavras).

TRATA-SE SEMPRE DE SEGUIR UMA LINHA EM UMA REDE DE LINHAS – OU UMA POSSIBILIDADE ENTRE POSSIBILIDADES – OU UMA INTENÇÃO EM UMA SITUAÇÃO COMPLEXA.

Porque os olhos (tão necessários) são muito antigos e assim se tornaram o modelo para – ou assumiram a função de – nos levar pelos caminhos: os de fora e os de dentro – pelo caminho das situações concretas variadas e complexas, ou pelos caminhos do pensamento (para não nos perdermos em palavras... sem sentido).

Os olhos assumiram a função de orientar e organizar os movimentos – de novo: os "para fora" e os "para dentro".

Surgiram para organizar os movimentos, a fim de realizarmos nosso desejo – ou nossa intenção. Ou para organizar a fuga ou a luta quando fossem necessárias.

Há "manchas pigmentares" (sensíveis à luz) até em bactérias, protoctistas (antigos protozoários) e em medusas.

Enfim, é praticamente impossível imaginar qualquer sequência presa-predador sem a visão.

As toupeiras (cegas) sobrevivem porque não saem das tocas... Que exemplo!

Quantas pessoas vivem em... tocas!

Essas explicações ajudam a compreender, também, porque imaginar é quase tão efetivo quanto fazer – como foi dito no texto principal.

Mas, "em contrário" – como diria Santo Tomás –, o fato é que a maior parte das pessoas, durante a maior parte do tempo, *deixa-se levar* automaticamente, mal percebendo por onde vão e até o que estão fazendo: sonâmbulos, mortos-vivos, alienados.

O OLHAR

Não estão nem aí – diz o povo.

Não estão em lugar nenhum!

Mas acreditam que desenvolvem "pensamentos", pois o monólogo interior (palavras) é interminável em quase todas as pessoas, durante a maior parte do tempo.

Estarão atentos – convergência ocular "para dentro"– ao que acreditam estar pensando? Duvido!

Por que será que atualmente se fala tanto em "foco"?

Foco e convergência ocular são palavras funcionalmente sinônimas.

Mas aqui esbarramos no mundo dos mortos-vivos que é a Sociedade dos Cidadãos Normais.

Só as palavras se repetem.

A realidade, jamais.

Portanto: o que nós falamos quando falamos? O que queremos dizer se estamos sempre dizendo as mesmas coisas – que não existem?

O Zen Budismo está certo. Se você quer começar a compreender as coisas e os acontecimentos, aprenda a ficar em silêncio – para fora e para dentro.

Com isso, mais o que diremos a seguir, podemos compreender também por que os meditativos hindus insistem tanto na imobilidade do olhar – na meditação – se quisermos *saber* como é a realidade sem a "ilusão" dos sentidos...

É muito difícil imobilizar os olhos – eles são importantes demais para que alguém possa fazê-los *parar* por capricho. Só param quando "olhamos longe", distraídos. Nesse caso estamos longe mesmo, e um predador adoraria nos encontrar assim – distraídos.

Quando olhamos para longe sem convergência ocular (sem atenção), tudo se passa como se efetivamente estivéssemos longe. Fazemos assim – sem perceber – também quando nos desinteressamos da situação e, ao desfocalizar a atenção (a convergência), saímos do *aqui e agora*.

Não é o olhar que está longe: nós é que nos distanciamos do presente.

MAIS ENIGMAS

A explicação dada pelos autores de livros de fisiologia e de oftalmologia sobre a organização da visão – sobretudo sobre a função da mácula – são dignas de exame (e de crítica).

Dizem assim: a retina tem várias camadas sobrepostas de neurônios diferentes, às quais se sobrepõem todos os seus muitos prolongamentos (axônios e dendritos).

Acontece – e é deveras estranho – que os receptores sensoriais da luz – os cones e bastonetes – estão situados *na camada mais externa da retina, "voltados para fora" do globo ocular.* Por isso, entre eles e a luz que vem da frente, temos uma apreciável camada de neurônios e fibras nervosas "atrapalhando" a chega da luz aos receptores, tornado a imagem que vai para o cérebro bem menos nítida.

Vimos: 90% menos nítida que a imagem da fóvea!

Na fóvea, só existe a camada de neurônios ligados aos cones, sensíveis à luz e capazes de "ver" cores (de criá-las!).

Por isso – dizem os textos – a nitidez da visão é tão diferente quando se compara a imagem captada pela fóvea com a imagem captada pela periferia da retina (90% menos sensível, repito).

Essa "explicação" está em vários textos de fisiologia.

Nenhum dos autores – como disse – parece ter percebido que *mácula* e *periferia* cumprem funções muito diferentes e altamente complementares, essenciais para organizar não apenas a função de ver, mas toda a coordenação motora!

Por que a mácula se desenvolveu? Por que ela existe – ou para que serve – se seu campo visual é tão pequeno?

O OLHAR

Ou até: por que a retina não desenvolveu áreas maiores com essa visão privilegiada?

Não sei de quem tenha perguntado!

A essa altura de descobertas, minha mente disparou e me fez recordar mais elementos ligados à indescritível riqueza, finura e velocidade envolvidas em nossa visão – recordando fatos bem estabelecidos.

Os olhos "oscilam" contínua e involuntariamente, a fim de expor uma "chapa" (fotográfica) nova a cada milésimo de segundo – pois a do milésimo anterior foi "queimada" e a rodopsina (pigmento visual) leva esse tempo para ser ressintetizada, para você poder ver de novo.

É o tempo de "trocar a chapa", isto é "rodar o filme", lento nas máquinas fotográficas do passado (no mínimo dois a cinco segundos).

Experiência feita: imobilizando os globos oculares de uma pessoa, ela começa a ver como se a luz do ambiente acendesse e apagasse em alta frequência.

A rodopsina – o pigmento visual – constitui os "grãos" da "chapa" retiniana – grãos que reagem à luz e iniciam o processo visual.

Por isso, se a retina não oscilasse, veríamos um acende-apaga contínuo, em ritmo de milésimos de segundo (na verdade, nem dá para imaginar o que veríamos).

A "revelação" da chapa fotográfica retiniana no córtex visual também é feita em milésimos de segundo – e então "vemos".

Os olhos são inquietos, sabemos. Movem-se – se preciso – em alta velocidade: centésimos de segundo para ir daqui até ali – mesmo que "daqui até ali" seja um arco de noventa graus – movimento máximo dos globos oculares. Esses movimentos rápidos são chamados de... sacadas (oculares!). Esses *movimentos sacádicos* – rápidos – dos globos oculares (para cá e para lá, para cima ou para baixo) podem ocorrer em centésimos de segundo. Um centésimo de segundo é o tempo para varrer o arco máximo de visão (noventa graus).

Agora podemos voltar à mácula.

Ela não "vê" quase nada. Quem perceberia isoladamente o pingo de um "i" ao ler, quem veria nitidamente uma moeda isolada a dois ou três metros de distância, ou uma bola de tênis a seis metros? (Seis metros é a distância máxima da acomodação da lente do olho – o cristalino.) Ninguém vê *nitidamente* o cenário inteiro. "Vemos" uma direção – não um objeto. Isto é, "marcamos" uma direção para permitir que os movimentos do corpo todo se organizem no mesmo sentido, o que pode mudar a cada fração de segundo, quando você vê (ou joga) futebol, ou tenta seguir a bola na TV – ou quando você dirige!

Quando olhamos interessados para um objeto parado, então entram os centésimos de segundo recordados para a "sacada" e os milésimos de segundo que o córtex cerebral demora para "revelar" a imagem.

Com equipamentos especiais, foi possível saber como se movem os olhos quando "olhamos" com interesse – quando "examinamos" um objeto – um quadro, uma foto ou uma face. No caso, os olhos parecem parados ou movendo-se bem pouco e temos a ilusão de estar vendo tudo com uma só olhada.

Nessa função, a mácula funciona como o lápis – ou o pincel – de alguém que "desenha" o objeto percorrendo-o em ziguezague – naquela velocidade da sacada; e o córtex visual "integra" os rabiscos em uma só imagem, dando-nos a ilusão de que estamos vendo o objeto inteiro – parado – com uma só olhada!

A essa altura, podemos perguntar se a exótica organização da retina (pequena mácula de visão perfeita e grande periferia assaz opaca) não foi feita nem tanto (ou não só) para ver, mas principalmente para organizar os movimentos – para isolar e permitir que sigamos um objeto móvel e significativo no cenário. Se víssemos o cenário completo o tempo todo, sem poder fixar um objeto, será que conseguiríamos nos mover nele?

Temos todos essa experiência quando, em momentos felizes, perante uma grandiosa cena natural, ficamos "sem olhar para nada" ou "vendo tudo" – mas sem intenção.

Nessas circunstâncias, tudo se passa como se a mácula não existisse.

Enfim, mais um desabafo: como podem filósofos de nome – Ken Wilber, como exemplo – referir-se tão depreciativamente à "visão do corpo" como o degrau "inferior" de visões mais altas?

O que será que eles sabem a respeito da visão?

Será preciso mais do que imaginação humana para conceber visão mais ampla, mais profunda, mais precisa e mais rápida do que a que nos é dada a qualquer momento pelos nossos olhos... materiais!

Quando aprenderemos a ver – com atenção! – em vez de ficar falando, falando, falando?

Meu triste refrão é este: em nossa espécie, a palavra nos roubou a Luz!

Mas a palavra jamais poderá substituir a visão. A palavra não tem conexão direta com as coisas nem com os movimentos.

Vimos: só elas se repetem e, como a realidade nunca se repete, nunca saberemos o que estamos falando – ou pensando.

Elas apenas "apontam" para as coisas, mas jamais poderão nos "levar" até lá.

O "sentido" das palavras nada tem que ver com o sentido das imagens – ou da situação na qual nos encontramos.

Nada tem que ver com o caminho!

Nada tem que ver com o "como se faz?".

Talvez por isso nos perdemos.

Mas, quando se deixa de ver – quando reprimimos ou negamos a visão –, negamos toda direção e nos comportamos como paralíticos, dada a relação mais do que íntima entre visão e movimento.

Lembremos: o movimento exige músculos mais esqueleto mais visão e mais cérebro motor, o que perfaz três quartos de nossa massa corporal e mais de dois terços de nosso cérebro – e responde por tudo que fazemos.

Pobre corpo!

Qual foi seu crime para sofrer tanta... repressão? Para ser posto tão "abaixo" da alma, do espírito, das palavras – e da inteligência?

Pretende-se encontrar a Luz... nas palavras – sem os olhos.

Pobre humanidade!

Perdida, sim, em palavras até sábias – mas inúteis.

Palavras não são coisas!

Só olhar pode... ver o caminho.

Legenda da figura:

Bem no alto, estão os campos visuais – aquilo que a gente vê. Em claro, o *total* do campo visual; pouco mais escuro, a área da visão *binocular*; o círculo central pequeno corresponde à visão *central* ou *macular* da retina.

Logo abaixo, estão as "câmeras" de nossa TV*: os olhos. Neles, o mundo aparece refletido *às avessas* tanto na vertical quanto na horizontal. Bem embaixo, está o corte do cérebro para mostrar onde *terminam* as fibras visuais (cisura calcarina).

A retina registra, o cérebro interpreta.

Um cego de nascença, que foi operado e recuperou a visão, de início vê, mas demora muito para aprender a fazer isso. Seria como um índio da floresta amazônica que fosse viver no Saara. Durante muito tempo ele não "compreenderia" a nova paisagem – não se orientaria nela.

Da retina até o cérebro temos um caminho ao longo do qual as fibras estabelecem várias conexões (relés) com outros grupos de neurônios; ao mesmo tempo elas se subdividem em feixes muito bem organizados que estão representados na figura pela *ordem do sombreado* em cada lugar.

Se alguém sofrer uma lesão em qualquer dos lugares denominados (retina, nervo ótico, tratos óticos, corpos geniculados etc.), sofrerá distúrbios visuais *de acordo com os sombreados e na proporção* das áreas sombreadas. Uma lesão no cérebro, na cisura calcarina, no lugar *bem escuro* produzirá um "vazio" no centro do campo visual. Uma lesão nos corpos geniculados, na região da sombra intermediária, produzirá alterações da visão no quadrante superior esquerdo do campo visual.

É importante observar o pequeno círculo central do campo visual – a mácula – e sua *expansão* no córtex cerebral. Para "ver" o que a mácula vê, usamos mais cérebro do que para ver todo um quadrante do campo visual: comparemos as áreas de sombreado igual.

Essa diferença mede a diferença na acuidade visual das duas áreas.

J. A. Gaiarsa

OS CIRCUITOS INTERNOS DA NOSSA TV*

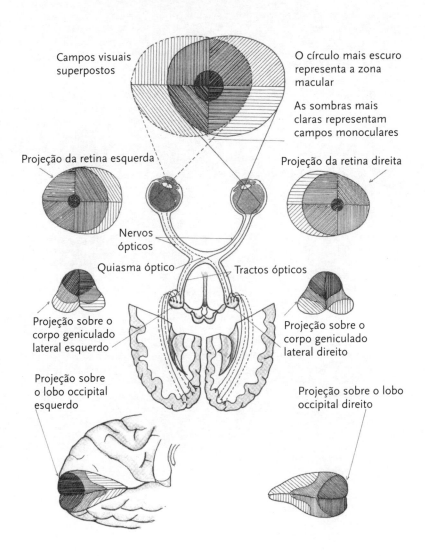

---

* TV – televisão – é um bom nome para a visão. Tele = longe, distante (grego). Nossos olhos veem longe, toda visão é televisão.

O OLHAR

IMPRESSO NA
sumago gráfica editorial ltda
rua itauna, 789 vila maria
02111-031 são paulo sp
telefax 11 2955 5636
sumago@terra.com.br

------- dobre aqui -------

CARTA-RESPOSTA
NÃO É NECESSÁRIO SELAR

O SELO SERÁ PAGO POR

AC AVENIDA DUQUE DE CAXIAS
01214-999 São Paulo/SP

------- dobre aqui -------

------- recorte aqui -------

CADASTRO PARA MALA-DIRETA

Recorte ou reproduza esta ficha de cadastro, envie-a completamente preenchida por correio ou fax, e receba informações atualizadas sobre nossos livros.

Nome: _____ Empresa: _____
Endereço: ☐ Res. ☐ Com. _____ Bairro: _____
CEP: _____-_____ Cidade: _____ Estado: _____ Tel.: ( ) _____
Fax: ( ) _____ E-mail: _____ Data de nascimento: _____
Profissão: _____ Professor? ☐ Sim ☐ Não Disciplina: _____

1. Onde você compra livros?
☐ Livrarias ☐ Feiras
☐ Telefone ☐ Correios
☐ Internet ☐ Outros. Especificar: _____

2. Onde você comprou este livro? _____

3. Você busca informações para adquirir livros por meio de:
☐ Jornais ☐ Amigos
☐ Revistas ☐ Internet
☐ Professores ☐ Outros. Especificar: _____

4. Áreas de interesse:
☐ Psicologia ☐ Comportamento
☐ Crescimento Interior ☐ Saúde
☐ Astrologia ☐ Vivências, Depoimentos

5. Nestas áreas, alguma sugestão para novos títulos? _____

6. Gostaria de receber o catálogo da editora? ☐ Sim ☐ Não
7. Gostaria de receber o Ágora Notícias? ☐ Sim ☐ Não

Indique um amigo que gostaria de receber a nossa mala-direta.

Nome: _____ Empresa: _____
Endereço: ☐ Res. ☐ Coml. _____ Bairro: _____
CEP: _____-_____ Cidade: _____ Estado: _____ Tel.: ( ) _____
Fax: ( ) _____ E-mail: _____ Data de nascimento: _____
Profissão: _____ Professor? ☐ Sim ☐ Não Disciplina: _____

Editora Ágora
Rua Itapicuru, 613 7º andar 05006-000 São Paulo - SP Brasil Tel. (11) 3872-3322 Fax (11) 3872-7476
Internet: http://www.editoraagora.com.br e-mail: agora@editoraagora.com.br

cole aqui